JN174932

ニッポンのマツリズム

盆踊り・祭りと出会う旅

大石始［著］
ケイコ・K・オオイシ［写真］

ARTES

ニッポンのマツリズム　盆踊り・祭りと出会う旅

大石始［著］
ケイコ・K・オオイシ［写真］

ARTES

ニッポンのマツリズム　盆踊り・祭りと出会う旅　○　目次

コラム

ニッポンのマツリズム MAP

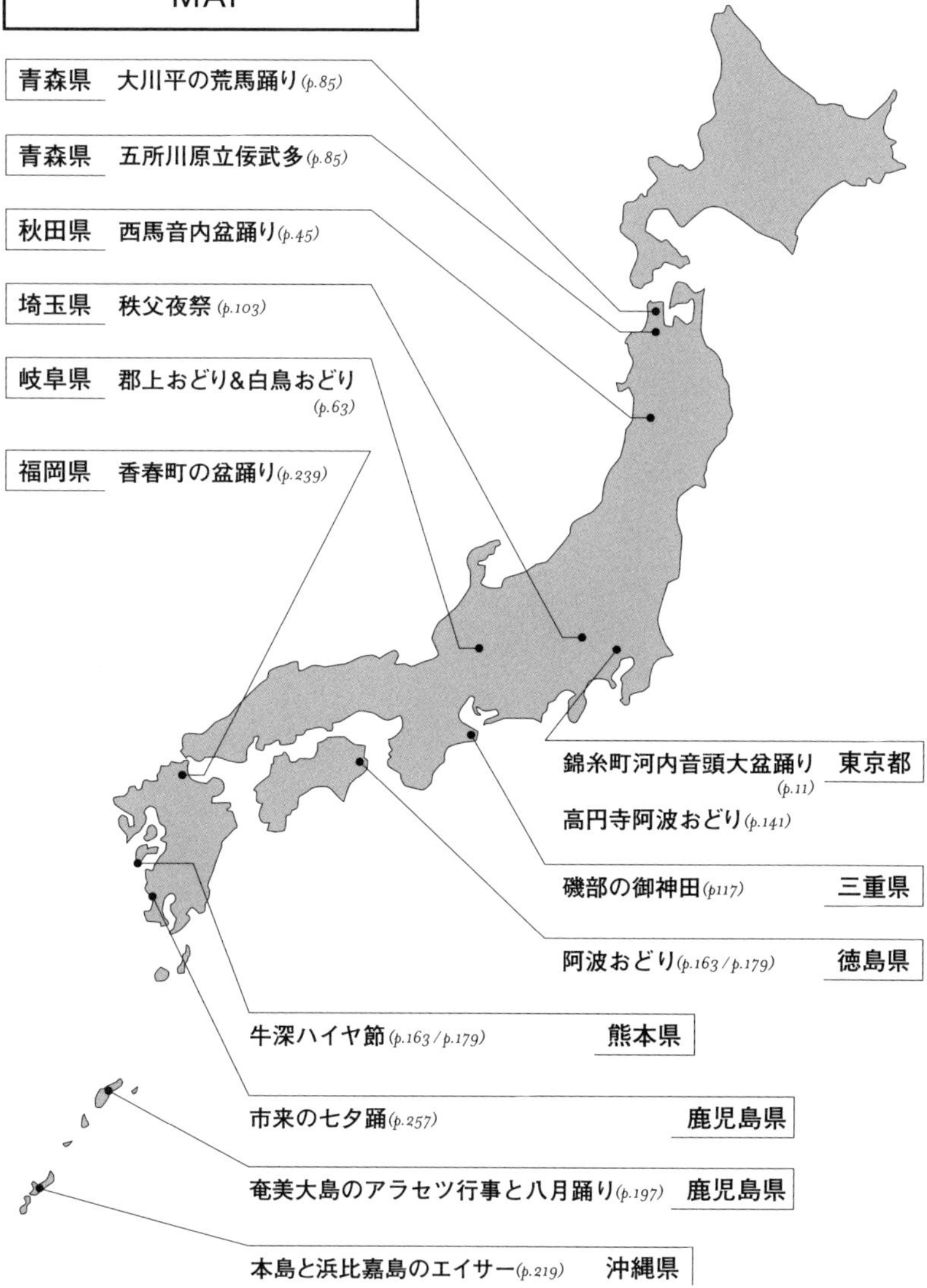

はじめに

こんなにも祭りにハマるとは思わなかった。

もともと〈日本の伝統〉と呼ばれるものにとくに興味を惹《ひ》かれていたわけではないし、子供の頃から積極的に祭りや盆踊りに関わってきたわけでもない。団塊世代の両親のもと郊外の新興住宅地で育ち、伝統的な地域社会のなかで培われてきたさまざまな風習からほぼ切り離されてきた僕は、ある意味で典型的な第二次ベビー・ブーマーでもあるのだと思う。自分が育ったこの列島の文化に関心を持つどころか、一時期はけっこう真剣に日本脱出を考えたこともあるし、祭りや盆踊りなどは老人たちがノスタルジーを感じるために足を運ぶものだと思っていた。

僕が日本の伝統的風習に則った祝祭空間に特別の関心を持つようになったのは、二〇一〇年に東京・高円寺の阿波おどりと錦糸町《きんしちょう》河内音頭大盆踊りを体験したことがきっかけだ。

東京生まれの僕にとって高円寺も錦糸町もよく知る町だったが、それまでこの二つの祭りに足を運んだことはなかった。あまりに身近すぎたし、そもそもそれ以前に、日本の祭りや盆踊りが意識にのぼってこなかったということもある。

それ以前の僕の意識ははっきりと南米やカリブ、アフリカに向いていて、ブラジルやジャマイカ、モロッコ、コロンビア、スペインなどで魂をグラグラと揺さぶられるような音楽体験もした。沖縄の民謡や奄美大島の島唄には強い関心があったものの、日本列島のその他の地にはほとんど目が向いていなかった。

そんな僕にとって、高円寺阿波おどりと錦糸町河内音頭大盆踊りはまさに衝撃だった。阿波おどりでは通り一杯に広がる群衆と圧倒的な祝祭感にカルチャー・ショックを受け、河内音頭大盆踊りでは河内音頭が持つ〈芸〉の深みに打ちのめされた。

いわゆる〈日本人としての血が騒ぐ〉という感覚とは少し違う。阿波おどりや河内音頭に郷愁を感じたわけではなく、むしろブラジルやジャマイカでの体験と同じものが高円寺や錦糸町で一気に蘇ってきたというか。日本の祭りの祝祭感にようやくチューニングが合うようになった、とも言えるかもしれない。

そこから僕の祭り行脚《あんぎゃ》が始まった。静かな山村で目の覚めるようなカラフルな祭祀《さいし》を目の当たりにしたり、寂れた地方都市が年に一度、祭りの行われるその日だけ魔法のように息を吹き返す瞬間に立ち会ったりと、信じられないようなことばかりが続いた。そして気がつけば、祭りを追いかけて日本各地を慌ただしく移動する日々を送るようになっていた。

——カーナビに住所を入れ、目的地をめざす。ほんの数週間前までは地名すら知らなかった場所だ。期待を抱きながら、大蛇が這うようなクネクネとした山中の道をひたすら進む。まれに工事車両や林業関係の車両とすれ違うが、自家用車はほとんど見かけない。街灯もほとんどなく、夜になるだろう帰り道が心配になってくる。そもそも、この道で合っているのだろうか？

数えきれないほどハンドルを左右に切り、山道にも飽き始めたころ、ようやく目当ての村に到着する。だが、それらしき目印もなければ、たったひとりの人すら歩いていない。不安になって車のウインドウを開け、耳を澄ます。かすかに太鼓の音が聴こえてくるような気がする。徐行運転で音の鳴るほうへと車を進めていくと、道の向こうに人垣が見えた！　集落の公会堂に車を止めて、はやる気持ちを静めながら撮影機材を用意し、人々の集まる場所へと駆け出す。

そこには鮮やかな祝祭空間が広がっていた。鮮やかな装束《しょうぞく》を着込んだ踊り手たち。祭りの始まりを告げる囃子《はやし》のリズム。祭りの本格的なスタートまではまだ少しだけ時間の余裕がある。カメラとICレコーダー、保存会の方々に渡す名刺を用意すると、僕らは祭りの輪のなかに駆け込んでいった。長い一日がまた始まる——。

九〇年代にも同じような旅を続けていた。ただし、そのときの目的は祭りや盆踊りではなく、野外のレイヴ・パーティーだった。山奥に巨大なサウンドシステムを持ち込み、大音量のエレクトロニック・ミュージックで朝まで踊り続けるこうしたレイヴ・パーティーは、日本においては九〇年代中盤から後半にかけて広まったが、僕らはその時期、幾度となくかけがえのない体験をした。我を忘れて踊り続ける快楽。朝方のダンス・フロアいっぱいに広がる一体感。そして何よりも、それまで名前すら知らなかった土地に足を運び、そこに立ち現れる祝祭空間に身を投じる楽しさ。

かつてミニマル・テクノやサイケデリック・トランスで高揚していた僕らは、いつのまにか太鼓と鐘によって奏でられる古風な祭り囃子に熱狂するようになっていたわけで、ずいぶん遠くまで来てしまったような気もする。だが同時に、基本的にやってることはほとんど変わらない気もするし、自分たちでもよく分からない。ひとつだけ言えるのは、祝祭空間を訪ねるこうした旅が、今も昔も楽しくて楽しくて仕方がないということだ。

本書は、そんな旅のなかで巡り会った一三の祭り体験を綴ったものだ。当初は祭りの音楽的魅力に素朴に感動していた筆者が、祭り行脚を通じ、背景に潜む歴史や問題に気づいていくプロセスもそのまま書いている。

自分の価値観と日本の〈伝統〉に対する固定概念が崩され、長い時間をかけて受け継がれてきた風習や芸能というものが、実はそれまで自分が愛してきた音楽とはあきらかに違う〈何か〉であることを肌身で感じるようになる。そこで沸き上がってきた戸惑いも正直に書いたつもりだ。

本書の三分の二は季刊誌『アルテス』（アルテスパブリッシング）およびその電子版で連載

していた「まつりの島」に大幅に手を入れたもの。初期の原稿には興奮ばかりが先走っていて稚拙な箇所もあるが、まるでロックと出会ったばかりの中学生のような僕の盛り上がりっぷりに何かを感じ取ってくださる方もいるだろうと信じ、基本的にはそのまま生かした。

残る三分の一は連載終了後に取材した祭り体験記を新たに書き下ろしたもの。祭り取材は連載終了後も継続しているためどこまで入れるか迷ったが、連載時の流れも踏まえつつ、二〇一五年夏に取材した鹿児島・市来《いちき》の七夕踊《たなばた》までを収めた。

本書で対象にしている祭りは、必ずしも神々への奉納を目的とする、いわゆる神事に源流を持つ祭祀ばかりではない。いわば〈この列島の民俗的伝統と何らかの繋がりを持つ祝祭〉を幅広く対象としており、河内音頭もあれば郡上《ぐじょう》おどりもある。狭義の〈祭り〉には含まれない祝祭も多いことをご了承いただきたい。

もうひとつ。本書の取材は、一一章の「沖縄の夏の風物詩に念仏踊りの影を見る――沖縄・本島と浜比嘉《はまひが》島のエイサー」を除き、すべてフォトグラファーのケイコ・K・オオイシと一緒に回っている。なので、本当は〈僕ら〉と書くべきところだろうが、僕の個人的な感情の揺れや沸き起こってきたものを綴るべく、主語は基本的に〈僕〉で統一した。

さて、前口上はこれぐらいにして、そろそろ〈ニッポンのマツリズム〉を訪ねる旅へと出かけよう。

最初に足を運ぶのは東京都墨田区の錦糸町だ。時は二〇一〇年八月二六日――。

① 下町に鳴り続ける不死のリズム

東京・錦糸町河内音頭大盆踊り

（2010年8月26日）

毎年8月後半の2日間にわたって開催される、東京でも最大規模の盆踊り大会。会場は首都高速道路7号線の高架下に広がる竪川親水公園。河内音頭の各会派が繰り広げる熱演に合わせ、約3万人の来場者が身体を揺らす。主催するのは錦糸町商店街振興組合および錦糸町河内音頭大盆踊り実行委員会。開催日などの詳細は〈イヤコラセ東京〉の公式ウェブサイトなどで発表される

高架下に広がる光景

二〇一〇年八月二六日、僕はJR総武線に乗って東京の東側へ向かっていた。目的地は隅田川を越えて二つ目の駅、錦糸町。お目当ては、河内音頭のイヴェントとしては日本最大級の規模を誇る錦糸町河内音頭大盆踊りだ。

僕は二〇代前半の一時期、錦糸町で働いていたことがある。ただし、当時の僕にとっての錦糸町とは場外馬券場と風俗店が並ぶ少々ガラの悪い下町でしかなかった。要するにそれほどこの町に愛着を持っていなかったわけだが、それでも何人かの友人からこの町を舞台に行われる巨大な夏祭りの話は聞いていたし、八月の暑い午後になって祭り好きの虫が騒ぎ始めたのか、一杯引っ掛けるノリで錦糸町へと足を伸ばしたのだった。

駅前ロータリーの前を国道一四号（京葉道路）が横切っており、その向こう側に立つ丸井の横を突き進んでいくと、ほどなく首都高速にぶつかる。その高架下に広がる広大なスペースが盆踊りの会場だ。

道沿いに建ち並ぶ居酒屋には溢れんばかりの人また人。浴衣姿の女の子たちが立ち話をしている脇を、赤ら顔の中年男が千鳥足で通りすぎる。会場に近づくにつれ太鼓のリズムがクリアになり、一歩ごとに祭りの空気が濃くなっていく。

高架下に広がる光景に、僕は目を疑った。広場の奥には、無数の提灯《ちょうちん》で彩られた巨大なステージ。その前に大きな踊りの輪ができていて、たくさんの出店がソースや醤油、アルコールの香りを漂わせている。まるで要塞のようにそびえ立つステージの上には太鼓と三味線、そしてギターの奏者。フロントに立つのは、艶やかな着物に身を包んだ年配の男性だ。彼らが鳴門家寿美若《なるとやすみわか》率いる鳴門会の面々であることは後から知ったのだが、その時は河内音頭特有のネットリとしたリズムと、それに合わせて数千人の老若男女が一心不乱に踊り続ける光景にただただ度肝《どぎも》を抜かれてしまった。だけど、そもそも大阪・河内地方生まれの河内音頭がどうして錦糸町に？　目の前に広がる光景にザワザワとした感覚を覚えつつも、僕の頭の中では無数のクエスチョンマークが浮かんでは消えていた。

競馬の街からオフィス街へ

錦糸町は駅を挟んで北側と南側でだいぶ雰囲気が異なる。整備された公園や大きなホールがある北側に対し、盆踊り会場のある南側には場外馬券売り場ＷＩＮＳと歓楽街が広がっていて、その通りのひとつを地元の人たちは〈ダービー通り〉と呼ぶ。たいていの東京の人間は錦糸町と言えばこの界隈をイメージするはずだ。

その一角で居酒屋〈たこ八〉を営んできたのが上野英夫さん、通称〈ヒデちゃん〉だ。父親の羊二さんが同店を開いたのが一九六〇年（昭和三五年）。ヒデさんと羊二さんは親子揃って河内音頭大盆踊りをサポートしてきたことから、〈たこ八〉は盆踊り関係者にとって憩いの場所だった（現在はヒデさんの体調不良のため休業中）。錦糸町に生まれ、現在までこの町の移り変わりを見つめ続けてきたヒデさんはこう話し始めた。

「要するにブルーカラーの町だよね。このへん一帯は工場地域だったし、隅田川から東側の地域では唯一の繁華街だったんじゃないかな。当時は映画の全盛期だったから楽天地［一九三七年にオープンしたレジャー施設。現在は映画館や浴場を含む娯楽ビルとして営業］の映画館にも人が集まってたし、上映が終わるとウチで一杯やっていく人も多かった。楽天地の中には江東劇場があって、一流の人はみんなやってましたよ。美空ひばり、島倉千代子、春日八郎、田端義夫、橋幸夫。ステージの下で生バンドが演奏しててね、本格的な劇場だったんだ」

ヒデさんは一九四八年の生まれ。「戦後、国鉄の駅前の多くには闇市があって、そこにバラックが立ってた」という錦糸町の風景をかろうじて覚えている世代だ。

「昭和二五年に場外馬券場ができたんだけど、最初はそれほど競馬も流行ってなかったから、月曜から金曜までは卓球場として営業してたみたい。それが昭和四八年のハイセイコー・ブームで変わって、錦糸町にもどっと人が増えた。増えたのはいいんだけど、よくも悪くも〈競馬の町〉っていう印象が広まっちゃったんだね」

そんな錦糸町に変化の兆しが見え始めたのは、昭和五〇年代以降のことだという。

「錦糸町は町工場ばっかりの町だったの。そういう工場がマンションに変わったりして、働きにやってくる人が少なくなった。中心部よりは家賃が安かったから、バブルの頃はオフィスビルが増えてね。ただ、土日は馬券場目当ての人たちが来てたから、他の町よりは賑わってたと思う。でも、映画館にも人が集まらなくなってたし、平日は確かに活気がなかった」

未知のリズムに触れた興奮

そんな錦糸町に河内音頭が持ち込まれたのは昭和五七年、一九八二年のことだ。興味深いのは、河内音頭を持ち込んだのが錦糸町の人間でも河内の人間でもなく、この町に縁もゆかりもなかった河内音頭フリークたちだった、という点だ。

河内音頭大盆踊りの始まりと成長のプロセスについて話を聞かせてくれたのは、運営メンバーの中心人物であり、首都圏河内音頭推進協議会議長といういかつい肩書きを持つ鷲巣《わしず》功さん。

鷲巣さんはかつてダンスホール・レゲエのゴッドファーザーであるランキン・タクシーのプロデューサーを務めていたほか、現在までラジオ／音楽プロデューサーとして活動してきた。キャリアのスタートは伝説的な高校生ロック・バンド、静岡ロックンロール組合のリーダー、という異色の経歴の持ち主だ。

「一〇歳ぐらいの頃、鉄砲光三郎［二〇〇二年に死去した音頭取り。六〇年代に巻き起こった河内音頭ブームの立役者］のブームがありましてね、〈変わった音楽があるもんだな〉と意識したのが河内音頭を知ったきっかけ。でもそれ以降接点はいっさいなくて、ソウルなど欧米の音楽を聴いてたんです。当時は〈自分たちのルーツからおもしろい音楽は生まれないだろう〉くらいの意識もありました。それが二〇代の半ばを過ぎて河内音頭に再会して、〈こんな音楽があるんだ！〉ってものすごく感動した。いちばん撃たれたのはビート。ものすごく突き刺さってくるものがあって、それまでに感じたことのないものだった」

本場・河内では「水や空気のように普通にあるもので、音楽として認められていないし、生活の一部というか一種の風物詩」（鷲巣）とされていた河内音頭に対し、七〇年代末から八〇年代初頭にかけて、その音楽面の魅力や民衆文化としての奥深さを高く評価する声が一部のメディアで上がり始めた。

その中心を担っていたのは、朝倉喬司（ルポライター）や平岡正明（評論家／小説家）、藤田正（当時『ミュージック・マガジン』編集部）など、音楽ジャーナリズムの最前線に立っていた論客たちだ。鷲巣さんが河内音頭に対して興味を持つようになったのは八〇年代に入ってからのことだったが、彼もまた、朝倉や平岡と交流するなかで河内音頭に関心を持った音楽フリークのひとりだった。

当時の彼らが河内音頭について記していた言葉は、かなり観念的なものではある。だが、彼らはその魅力を説明するための観念を構築し、河内音頭がまとっていた〈イメージ〉を払拭《ふっしょく》する必要に駆られていたとも言える。

「はっきり言って、当時は今以上に河内のイメージって悪かったんですよ。荒っぽいとか下品だとか（笑）。テレビから［東ひかりによる一九六五年のヒット曲］〝河内カルメン〟っていう曲が流れてくると、河内音頭に関する知識がなかったにもかかわらず、父親が軽蔑するわけです（笑）。そういう存在だったと思う」

勝新太郎が主演を務め、河内を舞台にした任俠映画シリーズ『悪名』（一九六一年～）も、〈荒々しく、下品で田舎臭い〉という河内に対するイメージを決定づけた。だが、朝倉や平岡たちはそうした泥臭い河内の地に鳴り響く河内音頭のリズムに、ジャズやソウルと同じ響きを感じ取ろうとした。

そこには欧米文化に対するコンプレックスを打破しようという思いもあったのだろうし、鷲巣

2013年の錦糸町河内音頭大盆踊りで
熱演を披露する鉄砲光丸

さんが「それまでに感じたことないものだった」と言うように、未知のリズムに触れた興奮があったはず。そして、河内音頭フリークたちが共有していたその感覚は、やがて〈東京に河内音頭を！〉というとてつもないプランへと彼らを向かわせていくことになる。

町おこしとしての河内音頭大盆踊り

錦糸町に初めて河内音頭が持ち込まれたのは、一九八二年七月二一日に行われた三音会オールスターズの公演でのこと。三音会は河内・松原市を拠点にする老舗《しにせ》の会派だ。七〇年代末、朝倉を中心に同会の三音家浅丸を評価する声が高まるなかで広く注目を集めたものの、一九八一年に浅丸が死去。朝倉らによる追悼アルバム『浅丸のいない夏』が全国発売されたこともあって、記念すべき錦糸町開催一回目に三音会が招聘されたのだった。

会場はダービー通り沿いに立つパチンコ店の二階にあった銀星劇場（その前日には渋谷のライヴイン82でも公演があり、この二公演の模様は『東京殴り込みライヴ：完全盤』という実況録音盤で聴くことができる）。開催のいきさつについて、鷲巣さんはこう話す。

「当時の全関東河内音頭振興隊［朝倉喬司を長として一九七九年に結成された、現在の首都圏河内音頭推進協議会の前身］で音楽プロダクションを営んでいた飯田俊というヤツがいまして、彼は行政がやるものではない地域イヴェントに興味を持ってたみたいで、地域との繋がりを求めてあちこちをあたってたんですよ。そこで、地元の活性化のために自分のパチンコ屋さんの二階を催事に貸し出してた呉さんという方に話を持っていったんですね。その頃の錦糸町はバブルの直前で、徐々に寂れつつあった時期。その前は新宿と同じぐらいの賑わいがあったんだけど、繁華街が山の手のほうに移っていったこともあって、場外馬券場と風俗店だけが元気だった。それで危機感を持った地元の人たちが起爆剤になるようなことを考えていたみたい」

かたや、錦糸町側の見解はこうだ。話してくれたのは、墨田区で数店の人形焼店を経営する山七食品の代表取締役社長、山田昇さん。大盆踊りには第一回目から関わっており、現在も実行委員長を務めている人物である。

「当時の錦糸町には町の売りというか、顔がなかったんだよね。年に一回、亀戸天神のお祭りがあるんですけど、それ以外、みんなが集まって何かをやろうというものがなかった。で、(河内音頭が)どういうものかまったく知らなかったけど、聴いてみるとリズムもいいし、下町に合うんじゃないかと思ってね。河内の話を聞いてみたら下町とも通じるところがありそうだし。荒っぽいんだけど、人情味に溢れてる町というか。そういう意味でも馴染めるんじゃないかと思ったんだろうね」

一方、ヒデさんはこう話す。

「一回目の時は飯田さんたちが（商店街の）青年会の連中を招待してくれて、それで観に行ったの。これはおもしろいと思った。その前から高円寺の阿波おどりは町おこしとして有名だったし、〈錦糸町も何かやらなきゃいけないな〉とは思ってたんですよ。そんななか、サンバ・カーニヴァルの話が持ち込まれたの、浅草の前に。結局予算がなかったから断らざるをえなかったんだけど、それが商店街を再編するきっかけにもなった。〈オレらは何をやってるんだ?〉って。そんな時に銀星劇場で河内音頭を観て、〈これ、いこうか〉と」

この証言には二つ興味深い点がある。ひとつは、錦糸町の人々にとって、高円寺の阿波おどりがある種の刺激になっていたこと。もうひとつは、今では東京の夏の風物詩となっている浅草のサンバ・カーニヴァルが、浅草の前に錦糸町に持ち込まれようとしていたということだ。町のPRおよび町おこしをメインの目的としたこの三つの祭りは、それぞれに刺激し合いながら新しい都市型の祝祭様式を構築してきたのである。

また、この三つの新しい祭りは、高度経済成長期以降の都心部で祭り型イヴェントを始める際のある種の先例ともなってきた。浅草や高円寺には広い空地がなかったことから、通りを練り歩くパレード型の祭りが開催されることになったが、錦糸町には辛うじてそうしたスペースが存在し、それゆえに櫓《やぐら》（ステージ）を組む固定型の盆踊り大会を開催することができた。

そのように限りある環境のなかでどのようにして祝祭空間を作り出すことができるのか。また、地域の他の祭りとどのように共存し、どのようにして地域住民を巻き込んでいくべきか。他の地域の伝統文化を移植する際にはその土地の関係者とどのような関係性を構築すべきか――かつて鷲巣さんや上野さんたちが立ち向かったさまざまな問題は、新しく祭りを始めるときには誰もがぶちあたるものでもあるはずだ。

「河内よりも全然いい音だと思いますよ」

錦糸町の河内音頭チームも一九八五年には初の野外開催を実現。ついに念願だった櫓の建設に漕《こ》ぎ着ける。会場は、当時空き地となっていたダービー通り近くの都有地（現在は立体駐車場となっている）。「整地してないから天気がいいとガサガサでホコリが立つし、雨が降るとグチャグチャ。最初はみんなで草刈りから始めたんだよ（笑）」（上野）という場所だったそうだが、映画関係者や地元の建設会社らが設置に携わったその櫓は、本場・河内の師匠たちも驚くほどの出来映えだったという。

だが、実際に開催する段になって、商店街のなかのジェネレーション・ギャップが露呈するこ

錦糸町河内音頭大盆踊
すみだ錦糸町河内音頭大盆踊り

となる。

錦糸町側の中核を担っていたのは当時三〇代だった青年会のメンバー。その親の世代からの反応は「〈河内音頭？　なんだそれ？〉って言われたもんだよ（笑）」（上野）というもので、青年会のメンバーはまず、そうした上の世代たちを説き伏せていく必要があったという。時代はバブル直前～初期。時代の変化を肌で感じ取っていた青年会と、戦前生まれの親の世代とでは危機感に違いがあったのだろう。そして、鷲巣さんたち振興隊のメンバーも青年会とほぼ同世代。つまり錦糸町の河内音頭大盆踊りとは、彼ら働き盛りの若手たちが仕掛けた新たなムーヴメントでもあったのだった（ただし、ヒデさんの父、羊二さんのように上の世代の協力者がいたことも強調しておく）。


初の野外開催となった一九八五年の入場者数は約三〇〇〇〇人。現在の規模ほどではないものの、山田さんはその人数に「こんなに人が来るもんかと、ビックリしたね」と笑う。

「僕らの考え方からすると、〈そんなに集まるわけないじゃないか〉っていうところ。だって、地域の盆踊りをやったってちょろちょろっと人が来るぐらいじゃない？　想定外も想定外。その後続けていくなかで一番励みになったのは、〈こんなに人が来るんだ〉ということ。人を惹き付ける力、吸引力。それはわれわれ商人にとっちゃ魅力だからね」

また、河内から錦糸町へと河内音頭が移植されたとき、そこには錦糸町独自の文化が生まれた。そのひとつが〈錦糸町マンボ〉とも呼ばれるオリジナルのステップだ。錦糸町の踊りを見慣れていた僕は、後に大阪の河内音頭を初体験した際、ステップがずいぶん違うことに驚かされたものだった。

「河内の踊りのほうが柔らかくて、錦糸町のほうがハネてる。踊りと音楽の相互作用で成り立ってるので、同じ人がやっても錦糸町と河内では違うんだよね」（鷲巣）

また、音響システムに対する意識も異なる。そこにはジャマイカで本場のサウンドシステム・カルチャーを体験してきた鷲巣さんの知恵と経験が活かされていることは言うまでもないだろう。

「音響に関しては非常に気を使ってます。数年前からＰＡの会社を変えたんですけど、それによってとてもいい音になったと思う。ダンス・ミュージックである以上、音には手をかけないと意味がないですよね。河内よりも全然いい音だと思いますよ。そもそも河内音頭のように、日本の伝統音楽であああいうラウドネスを持ったものって少ないと思いますし」

後述するように徳島の阿波おどりが高円寺へ持ち込まれた際にその地域性が反映されたように、

伝統的かつ土着的なリズムであっても、鳴らされる環境によって新たなる変化が生まれることがある。ジャマイカのレゲエがイギリスへと運ばれた時に異なる質感を持ったように、河内音頭もまた、錦糸町という東京の下町でローカライズされることによって新たな文化を生み出したのだ。

「河内音頭は定型を持たないいんだね。自由度が高いというか、いい加減というか（笑）。民謡のなかには型がきっちり決まっていて、それを継承していくものもあるけど、河内音頭はそういうものじゃない。その場で変わっていくものなんです。敷居が低いものだし、その自由度は日本の音楽で一番高いものだと思う」（鷲巣）

錦糸町の河内音頭大盆踊りは何度か会場を移しながら、現在の首都高の高架下へと落ち着いた。一九九二年からは墨田区が正式に後援することとなり、その規模も拡大。大盆踊りは錦糸町の代名詞となっていった。

「かつては錦糸町を知らなかった人たちが〈おもしろいことをやってるんだね〉って言ってくれるようになった。この町に風俗や犯罪以外のイメージがつくのはいいことだね。個人的に言えば、河内音頭を通じて世界が広がったよ。いい意味でも悪い意味でもね（笑）」（上野）

二〇一一年夏、鎮魂のダンス

二〇一一年、錦糸町河内音頭大盆踊りは三〇回目を迎えた。すべての人々にとって震災以降はじめての盆踊りであり、僕にとっては錦糸町で過ごす二回目の夏だ。自粛ムードのなか、なかには中止にしたり開催時間を変更したりした夏祭りもあったが、錦糸町は例年どおり開催。心なしか、前年度よりも来場者の数は多いように感じた。

この年ステージに上がったのは、つかさ会と五月会という名門二会派だった。なかでも僕の心を打ったのは、五月家一若が披露した〝サチコ〟という外題《げだい》（演目）である。広島に原子爆弾が落とされた昭和二〇年八月六日の朝の情景を、サチコという少女を中心に描写していくもので、途中何度か「サチコ！」という絶叫が差し込まれる。CD収録ヴァージョンは三五分二八秒にも及ぶが、その短縮版が披露されたこの日のパフォーマンスも壮絶きわまりないものだった。

屋台が並ぶ夏祭りで原子爆弾が落とされた日の凄惨《せいさん》な光景を歌うこと。震災後初の盆踊り大会でそうした外題を歌うこと――僕にはそれ自体が五月家一若と鶯巣さんたち実行メンバーからのメッセージに思えた。そして、老若男女さまざまな人たちが一心不乱にステップを踏む輪のなかで、僕はそのメッセージを受け止めた。そこで踊られていたのは紛《まぎ》れもない鎮魂のダンスであり、その奥底に死者への追悼の念を持つ河内音頭の本質のひとつが表現された瞬間でもあった。

鷲巣さんは「河内音頭自体、決して考えたり練習したりするなかで生み出されたビートじゃない。生活の鼓動が反映された音楽だと思うんです」と話す。

ジャマイカ人は〈レゲエはハートビートだ〉という表現をするが、河内音頭も同じだ。その鼓動は８・６を経ても、３・11を経ても止まることはなかった。

河内音頭という不死のリズムは、錦糸町という下町に移植されながら永遠に鳴り続ける。

［参考文献］

●全関東河内音頭振興隊『日本一あぶない音楽：河内音頭の世界』（ＪＩＣＣ出版局）

●河内音頭三音会オールスターズ『東京殴り込みライヴ：完全盤』ライナーノーツ（歌舞音曲）

コラム1

〈未来の音頭〉を夢見るイノヴェイターたち
——河内音頭・歴史編

河内音頭ほど大衆音楽・大衆芸能としての懐の深さを感じさせる音頭はない。〈懐の深さ〉という言葉が多少品が良すぎるのであれば、〈何でも飲み込む胃袋のデカさ〉と言い換えてもいい。新しいもの・おもしろいものを貪欲に吸収していこうという逞しい芸人魂の下に花開いたこの異形のダンス・ミュージックは、日本に数多く存在する音頭のなかでもズバ抜けて特殊なものと言えるだろう。

そもそも河内音頭とは〝秋田音頭〟や〝伊勢音頭〟のような特定の楽曲を指すのではなく、ひとつのジャンル——もっと言えば、大阪のローカル・エリアで育まれてきたひとつのダンス・カルチャー——のことを指す。そのダンス・カルチャーは多種多様な要素が重なり合って生まれたものであり、根底にあるのは河内人の美学だ。その意味で河内音頭は、ニューヨークという土地からしか生まれ得なかったサルサやヒップホップと似ているのかもしれない。だいたい河内音頭は〈伝統芸能〉と呼ぶにはモダンすぎ、〈民謡〉と呼ぶにはエンターテインメントの要素が強すぎる。音頭取りにしたって、他の地域の民謡保存会の方々よりもアフリカ・バンバータやエクトル・ラボーに近いオーラを発している方々ばかりではないか。そして、そんな音頭取りが放ついかつい色気にクラッときてしまったあたりから、僕はズブズブと河内音頭の泥沼へとハマリ込んでしまったのだった。

第1章では東京・錦糸町で行われている錦糸町河内音頭大盆踊りを取り上げ、大阪生まれの河内音頭がどのようにして東京の片隅に根付いたのか、話を進めていった。

ここでは、そもそも河内音頭というきわめて個性的なダンス・カルチャーがどうやって形作られてきたのか、その歴史を紐解いていきたい。なお、河内音頭成立の歴史については諸説あり、以下にまとめたストーリーはあくまでもそのひとつにすぎないことは最初に強調しておく。

明治〜大正のイノヴェイターたち

河内音頭のルーツと言われる盆踊り歌がある。大阪東部、かつての河内国北部で歌われていた交野《かたの》節だ。これは江戸中期〜後期に生まれた盆踊り歌で、当時の北河内一帯ではこの交野節で踊る盆踊りが盛んだったという。
村井市郎（河内音頭研究家）の著作『河内の音頭 いまむかし』によると、その盆踊りはとんでもなく盛り上がっていたそうで、あまりの盛り上がりのため、寛政元年（一七八九年）には盆踊りでハメを外しすぎないよう戒める〈交野之八箇村申合書〉という申合書まで出されたとか。なお、この交野節には〈さては一座の皆様方にゃ〉〈ヨホホイホイ〉というフレーズがあるが、これはそのまま現代の河内音頭にも受け継がれている。

交野節が河内音頭へと姿を変えていくプロセスのなかで、何人かのイノヴェイターが足跡を残している。明治に入ってイノヴェイションを起こしたのが、茨田郡野口村（現在の門真市野里町）出身の中脇久七（通称：歌亀）。歌亀はこの交野節に改良を加えた〈改良交野節（歌亀節）〉を考案し、北河内を中心に人気を獲得した。その人気は大阪市内の寄席や中河内にも飛び火し、北河内のローカル・ダンス・ミュージックにすぎなかった交野節は少しずつ広範囲の人気を得ていく。

また、明治のこの時期、大阪では熾烈《しれつ》な音頭戦争が巻き起こっていた。ブリティッシュ・インヴェイジョンよろしく、滋賀から乗り込んできたのが八日市祭文音頭。山伏らによる民間布教手段として派生した祭文の発展型であるこの音頭は、河内の演芸場を回っていた芸人たちを通じて爆発的にヒット。近江の国の音頭ということで〈江州《ごうしゅう》音頭〉と呼ばれるようになった。それに対し、河内の広いエリアを席巻していた歌亀節に付いた名称が〈河内音頭〉。村井市郎の説によると、それが明治二〇年代前半ごろ、今からおおよそ一三〇年ほど前のことだ。

大正時代から昭和初期にかけてのイノヴェイターが倉山太三郎だ。太三郎は歌亀節からインスピレーションを得ながら、浪曲や講談を取り込んだ新しい音頭を開拓。栄太郎や宇志丸などの音頭取りとともに〈初音家〉を立ち上げ、後に〈初音家太三郎〉を名乗った。

活動の拠点は、太三郎の地元である大阪・平野郷（現・大阪市平野区）の浪曲定席、明進亭。この場所には未来の芸能を作り上げようという気概を持った、若くて血気盛んな浪曲師や音頭取りたちが集っていたというが、そこに渦巻いていたであろう熱気を想像するだけで何ともワクワクしてくる。そして、太三郎を中心とする初音家は現代河内音頭の下地を作っていくことになる。

大衆芸能・大衆音楽としての逞しさ

ところで、河内音頭は〈踊ってよし、観てよし〉の芸能とされる。確かに河内音頭ほどダンス・ミュージックとしての機能性と舞台芸能としての魅力を兼ね備えた民謡・音頭はないだろう。

ダンス・ミュージックとしての機能を育んできたのが、夏の間だけ大阪中に出現する盆踊り会場だ。櫓の下に集まるハードコアなダンサーたちの欲求を満たすため、河内音頭はありとあらゆる手段を使ってそのグルーヴを鍛え上げてきたのである。

一方、舞台芸能としての魅力を育んできたのが、寄席や有力者の自宅の座敷などの場。初音家の初代・初音家秀若は、初音家の足跡を追う六枚組CDセット『河内音頭夢幻 初音家〜浪曲音頭の誕生〜』のライナーノーツのなかで、かつては農閑期の豪農の庭先や休みの風呂屋でも音頭が披露されていたと書いている。こうした〈観られる〉場もまた、音頭取りたちにとっての実験の場だったはずだ。ひとつの芸をどのように見せ、どのようにして観客を喜ばせるか。そうした試行錯誤のなか、浪曲のネタや最新の時事ネタが外題として取り上げられるようになっていく。

なお、太三郎たちが現代河内音頭の下地を作ったこの時代は、日本各地の民謡や音頭の多くが大きく姿を変えていった時期にあたる。音楽を取り巻く産業構造が整備されていくなかで、それまでローカルな場をもり立てるために歌われていた民謡は都会の大舞台で披露されるもの、レコードという商品として〈売られるもの〉になっていく。そのなかである部分が整理され、ある部分が削ぎ落されていった。それまでは地域や歌い手ごとに違っていた節回しや歌詞が固定され、いわゆる〈正調〉という概念が生まれたのはそれ以降のことだ。

だが、河内音頭は違った。〈正しい伝統〉であることにこだわる多くの民謡に対し、河内音頭は大衆芸能・大衆音楽として実に逞しい——もっと言ってしまえば、エゲつないほどの——進化を遂げていくのである。

誰が初めて三味線とギターを導入したのか？

河内音頭のスタイルがガラッと変わったのは太平洋戦争終結後、昭和三〇年代に入ってからのことだ。それまでの河内音頭は太鼓と歌だけという素朴な編成で奏でられていたが、そこにまず三味線が加わり、さらにエレクトリック・ギターが加わった。そうやって現代河内音頭の基本編成が完成していく。

この時代の河内音頭に関する最大の謎は、〈誰が初めて三味線とギターを導入したのか？〉という点だ。この点に

大阪・八尾の常光寺で毎年行われている地蔵盆踊り

ついてはいくつかの説がある。まず、『河内音頭夢幻 初音家〜浪曲音頭の誕生〜』のライナーノーツにおける初音家秀若の説。

「ウチの（初音家）賢次の話では河内音頭に最初にギターを入れたんは二葉会いう藤井寺・大井で演ってはった三人兄弟らしいですわ。音頭取りが一番年下、一番上がギター。賢次も劇場ではバンドマンに演ってもらったりしたようです。コンガを入れたり、ラテン・アレンジで音頭を録っている古い音源が残っています。本格的に音頭に三味線が入ったんは、昭和三〇年代後半。初音家の場合はウチの小太三丸が劇場や寄席の舞台に上がるあたりで三味線が入った。せやから昭和三八年（一九六三年）ぐらいからでんな。（中略）初音家では昭和三六年にギターの石若が入門しました。もともと石若はギター流しに憧れてギターを習いに行ったら、ジャズ・ギターを教えられたらしい」

また、『日本一あぶない音楽 河内音頭の世界』に収められた藤田正の「河内音頭はエレキ・ギターで夢を見る」では、三音家浅丸のこんな発言が紹介されている。

「ぼくが一八のとき（昭和三二年）、浅司（のちに名手と謳われることになる三味線弾き）は狭山にいたんです。昔の河内の各村には青年団が必ずあり、集まって行事をするわけです。（中略）村で素人芝居をやってるときに、ゲストとしてぼくが呼ばれていったんです。歌謡ショウもやっていた。そこでギターを弾いていたのが、浅司だった。あれ、うまいな～。あれやったら、何でも弾ける。お前、俺の弟子になれへんかと、僕のほうから口説いたんです。鉄砲（光三郎）さんは、あのころ、三味線と太鼓だった。僕が初めてギターを入れたわけです」

早くも証言が交錯しつつあるが、話を続けよう。ここで名前が出てくる鉄砲光三郎は河内音頭を全国区のものとした功労者のひとり。レゲエで言えばボブ・マーリーのような人物である。なにせ一九六一年に発表した〝民謡鉄砲節／源太郎笠〟はミリオンセラーを記録、テレビやラジオ、テレビCMにも出演し、河内のローカル・スターに留まらない人気を獲得したというのだから凄い。河内の暴れ者、八尾の朝吉を主人公とする勝新太郎主演の映画『悪名』シリーズ第一弾が公開されたのも〝民謡鉄砲節〟と同じ一九六一年、同シリーズの原作者である作家・今東光が河内を舞台にした数々の作品を書き下ろしていたのも同時期。このころ巻き起こった爆発的な〈河内ブーム〉の立役者、それが勝新太郎、今東光、そして鉄砲光三郎だった。

河内音頭を全国区にした功労者
――鉄砲光三郎

この鉄砲光三郎、その特徴的な名前はなんと本名。自伝『河内阿呆鴉一代 鉄砲節夜ばなし』のなかでは名字の由来を「鉄砲一挺、家一軒といわれるほどに、高価な三千挺の鉄砲調達に抜群の功ありと認められ、私の祖先が織田信長より拝領（頂戴）したのが、鉄砲という名前であった」と説明している。

終戦直後の混乱の最中、光三郎は村の娘と進駐軍の「ヤンキーさん」の間を取り持つ通訳も務めていたという。そんななか、米軍の将校に招待されたクリスマス・パーティーでジャズに初遭遇。そのときの興奮を「初めて聴く強烈な〝ジャズのビート〟に、体ごと運び去られるような戦慄さえ覚えたのだった」（『河内阿呆鴉一代 鉄砲節夜ばなし』）と彼は記している。そのインスピレーションをもとに編み出されたのが、光三郎流儀の河内音頭である〈鉄砲節〉だ。先述した〝民謡鉄砲節〟の大ヒットにより世間一般では河内音頭とイコールで結ばれることとなるこの鉄砲節について、彼はこう説明している。

「鉄砲節にはマンボやボサノバ、サンバ、ルンバ、ロック調等が含まれています。（中略）ともかく太鼓の叩き方を編み出し、三味線をとり入れ、ギターやピアノやベースもとり入れて、独自の鉄砲節を作詞作曲したのであって、鉄砲節は、昔から河内地方に伝承されている念仏音頭や流し音頭、平音頭、ジャイナ音頭とは何の関係もない、似ても似つかぬものなのである事を付記させていただく。（中略）鉄砲節は、著作権協会に認定された、私の詞曲による歌謡曲であります」

〈鉄砲節は念仏音頭や流し音頭とは何の関係もない歌謡曲〉——そう断言してしまうところも凄いが、歌謡曲とのボーダーを積極的に乗り越えていこうとする彼の姿勢には、イノヴェイターならではの貪欲さが満ち溢れている。光三郎は一九六三年にバッキー白片とアロハ・ハワイアンズによるハワイアン・ムードたっぷりの演奏に乗った〝民謡鉄砲節〟を、一九六五年にはラテン・ビッグ・バンド、有馬徹とノーチェ・クバーナを従えたラテン風味の〝河内音頭これが鉄砲節だ〟をリリースしているが、流行にひょいと乗って見せるフットワークの軽さはまさに歌謡歌手のそれ。ちょっと脱線するが、そんな（いい意味での）軽さもまた、ボブ・マーリーと鉄砲光三郎の共通点と言えるのではないだろうか。やたらと神格化／聖人化されがちなボブ・マーリーではあるが、自身の作品に白人ロック・ミュージシャンの演奏がオーバーダビングされることを喜び（ボブ・マーリー&ザ・ウェイラーズの代表作『Catch A Fire』は、アイランド・レコーズ社長のクリス・ブラックウェルの提案により、いったん完成したマスターテープに白人ミュージシャンたちの演奏が重ねられた）、〝Could You Be Loved〟などの楽曲ではディスコの要素も積極的に採り入れたマーリーは決してストイックな伝統至上主義者などではなかった。その点は鉄砲光三郎も同様ではなかったか。

荒くれものたちの熱気に満ちた戦後の実験

音頭界以外のミュージシャンたちとも積極的に交流を重ねた光三郎だったが、彼は自身の鉄砲節を作り上げるにあたってもさまざまなプレイヤーと試行錯誤を重ねた。

光三郎の初期作品に関わっていたのが作曲家／アレンジャー／ギタリストの和田香苗。タツノコプロ製作アニメーション作品の劇中歌を数多く手がけ（有名なところでは、『ハクション大魔王』のエンディング曲〝アクビ娘〟も和田の作曲）、弘田三枝子〝恋のクンビア〟や舟木一夫〝北風のビギン〟の作曲者でもある和田は、光三郎作品の裏方でもあった。「マンボやボサノバ、サンバ、ルンバ、ロック調等を含む」鉄砲節を具現化するためには、和田のような幅広い知識とセンスを持つ作曲家/アレンジャーの存在が必須だったのだろう。

また、後に浪曲漫才トリオ、宮川左近ショウの一員としてお茶の間の人気者となる名三味線奏者/曲師、暁照夫《あかつきてるお》が鉄砲節/河内音頭の発展に影響を与えたという説も興味深い。ウェブサイト〈盆踊り広場☆イヤコラセ東京〉の管理人、いちばけいさんが生前の暁照夫から聞いたという話によると、一時期東京で活動していた暁照夫は大阪に戻った後、すでに高い人気を誇っていた光三郎の舞台の仕事を得る。その舞台の練習時、暁照夫は河内音頭の節を使ったイントロを思いつく。ひらめきのまま一瞬で作曲したそのフレーズは、後に河内音頭のイントロとして広く使用されるようになったとされる。光三郎と暁照夫の競演は短期間のものだったようだが、それが事実だとすれば、彼もまた河内音頭のイノヴェイターのひとりだったわけだ。

戦後数十年の間で河内音頭は劇的な進化を遂げる。エレクトリック・ギター＋三味線＋太鼓という黄金のアンサンブルのもと、16ビートの導入などリズム面での実験がさまざまな会派によって進められていった。リズムが多彩になれば、音頭取りのフロウも負けじとさらにヴァリエーション豊かになる。ビートに対してジャストに言葉を乗せていくパターンがあれば、意識的にズラしたり、もしくは畳み掛けたりというテクニックがさまざまな音頭取りによって磨き上げられていく。

そうした音頭取りのフロウに対し、エレクトリック・ギターと三味線はどのように絡み合っていくのか。音頭と弦楽器の付かず離れずの距離感とそこから生まれるスリルは、まさにジャズのセッションそのものだ。初代・京山幸枝若《こうしわか》や初音家賢次らを支えた名ギタリスト、近江吾朗のプレイなどは今聴いてもあまりの素晴らしさに惚れ惚れとする。弾きすぎず、かといって引きすぎないその演奏には河内男の美学すら感じてしまう。

昭和三〇年代から四〇年代にかけ、河内各地でそのような熱のこもった実験が繰り広げられていたわけだが、それはそのまま、同時期のニューヨークのヒスパニック・コミュニティーのなかでジョニー・パチェーコやウィリー・コロンが試みていた実験——〈サルサ〉という未来の音楽を作り出そうという挑戦——と同じ種類のものだったと言えるかもしれない。そこには伝統と革新のせめぎ合いがあり、新時代の音楽を作り出そうというエネルギーがあった。しかもその中心にいたのは、血気盛んで気合いの入った町の音楽家たち。音楽を前進させるのは、いつの時代もそういった爆発寸前のエネルギーなのである。

ボーダーを超えるダンス・ミュージック

河内音頭の外題としてもっとも有名なものに〝河内十人斬り〟がある。これは明治二六年五月二五日、南河内郡赤坂村（現・千早赤阪村）の博打打ち・城戸熊太郎と彼の舎弟である谷弥五郎が家族一〇人を殺害した陰惨な事件をテーマにしたもの。この事件は町田康の長編小説『告白』でもモチーフにされたが、事件の顚末《てんまつ》はこんな具合である。

――熊太郎の内縁の妻、おぬいが村に住む松永伝次郎の次男、寅次郎と密通。熊太郎は激怒し、おぬいに別れを切り出すものの、おぬいの母・おとらから仕送りが未払いであることをなじられる始末。その金を支払うべく、松永伝次郎の長男、熊次郎に貸していた金の返済を迫るが、今度は伝次郎の子分から袋だたきに遭ってしまう。怒りに震える熊太郎は舎弟の弥五郎と共に復讐に乗り出す。一〇人を残虐に殺害した二人は、山中へ逃亡。事件から二週間後、自殺した二人の遺体が発見される――。

まあ、なんとも救いのない話だが、この事件が起きた直後にはすぐさま実録伝が出版されて大ヒットを記録したというから、当時から多くの人々の下世話なゴシップ心を刺激する事件だったことは間違いない。

また、この事件に関してはもうひとり登場人物がいる。それが事件を担当した富田林警察の署長付き人力車夫、内田梅吉（後の岩井梅吉）。この梅吉、署長を乗せて事件現場に出入りするうちに事件に関する情報を入手、それを元に音頭仲間の松本吉三郎が〝河内十人斬り〟なる外題を書き下ろし、梅吉は得意の音頭に乗せてその凄惨なストーリーをひと唸り。それが爆発的な話題となり、梅吉はその外題を持って道頓堀の芝居小屋にまで進出したという説もある。

その後河内家菊水丸によって広く知られることになる新《しん》聞詠《もんよ》み――旬の事件をネタとする、一種のニュースキャスター的スタイル――のルーツがこの〝河内十人斬り〟にあるわけだが、妻に浮気されたしがない博打打ちの復讐物語が今日まで人気のテーマとなっているなんて、なんともエゲつない話ではないか。

一説によると、熊太郎と弥五郎が惨殺した一〇人のなかには生後四〇日の赤子もいたというから、恐ろしいまでの憎悪と狂気である。そして、河内音頭の外題にはこうした死と狂気をはらんだものが少なくない。河内音頭の音頭取りたちはを生命力漲《みなぎ》るダンス・ミュージックに乗せてそんな陰惨な物語を読み、人々はそれに合わせて踊る。

河内音頭とは、こうした両義性を常に抱えた芸能でもある。生／死。喜び／哀しみ。愛／憎。聖／俗。流行／伝統――それらが渾然《こんぜん》一体となりながら、ひとつの物語世界が作り出されていく。それはそのまま、現世の生きづらさ、人間のややこしさを描き出すものではないのか。

最後にもうひとつだけ。河内音頭というと、僕の頭のなかにスッと浮かび上がってくる風景がある。先にも引用した三音家浅丸の発言から。

「ぼくが初めて櫓にのぼったころ、30年前くらいですか、河内音頭いうても、ぜんぜんちがいました。ほんまの念仏踊り、亡者の踊りでした。踊り子さんは顔を絶対に見せない。タオルか何かで顔を包んで、もしくは変装してね。女は男の衣装を着て踊る。男はそこいらの娘の赤い襦袢で、広い帯しめて、提灯の明かりだけがボーッと浮かび上がるような薄暗いところでね、やったんです。ほとんどが墓場でした。もちろん仏の供養です。終戦直後です。戦争、戦争で、暗い毎日を送ったあと、とたんに河内音頭が流行った。今の感じとはまったく違います。幽霊が踊ってる。まったく幽霊をかたどった踊りです」（『日本一あぶない音楽』所収、藤田正「河内音頭はエレキ・ギターで夢を見る」から）

三音家浅丸が語るこの光景は、今もなお、河内音頭の古層に眠っている。生者と亡者、現世と常世のボーダーを超えるダンス・ミュージック。それがまた、河内音頭のもうひとつの顔なのだ。

【参考文献】
●村井市郎『河内の音頭　いまむかし』（八尾市市長室広報課）
●全関東河内音頭振興隊『日本一あぶない音楽　河内音頭の世界』（JICC出版局）
●三波春夫、平岡正明、岡庭昇、朝倉喬司『遠くちらちら灯りがゆれる放浪芸の彼方に転形期をみる』（らむぷ舎）
●『河内音頭夢幻　初音家〜浪曲音頭の誕生〜』ライナーノーツ（MISORA RECORDS／ONDO NOW）
●鉄砲光三郎『河内阿呆鴉一代　鉄砲節夜ばなし』（読売新聞社）
●『大阪府警察史』（大阪府警察本部）

コラム2

目指すところは〈踊れる話芸〉
——世界で唯一人のプロ河内音頭ギタリスト、石田雄一さんに聞く

前コラムでも触れたとおり、河内音頭の大きな特徴のひとつが、ほとんどの会派でエレクトリック・ギターが導入され、アンサンブルの中心となっているという点だ。河内音頭の櫓に足を運ぶと着物姿の男性がレスポールやフライングVなどのギターを手にする姿にまず驚かされるかもしれないが、これが河内音頭の標準スタイルなのである。

音頭取りをバックで盛り上げつつ、効果的なフレージングで全体にグルーヴを生み出す河内音頭のギタリストたち。彼らは櫓の上で何を考え、どのようにアンサンブルを構築しているのだろうか。そのことを知るべく、ひとりのギタリストにお話を伺った。

彼の名前は石田雄一さん。音楽教師のご両親のもと一九五九年に神戸市で生まれた石田さんは、大学在学中に京都のスカ・バンド、ノー・コメンツに加入。同時期に河内家菊水丸と初競演を果たし、以降は河内家菊水丸&エスノ・リズム・オールスターズの一員として進化型河内音頭の創造に携わるほか、数多くのレコーディングやCMソングで活躍。現在まで実に三〇年以上の長きに渡って菊水丸を支え、彼が古典に回帰した現在もその右腕として腕を奮う世界で唯一のプロ河内音頭ギタリストだ。アフリカやカリブの音楽にも精通したそんな石田さんに河内音頭ギターの極意をたっぷりお聞きした。

四分の四拍子では割り切れない音楽

——ご出身は神戸ですよね。子供のころ、河内音頭に触れる機会はあったんですか?

「いや、まったくないですね。存在すらも知らなかった。たまにサンテレビで鉄砲光三郎さんが出ているのは見てましたけど、この人らは何をしてるんやろう？　と思ってました(笑)。だから、当時まったく理解できていなかったと思う。まさか自分が河内音頭のギターを弾くようになるとは思わなかったんです」

——じゃあ、河内音頭を認識するようになったのは菊水丸さんと一緒にやるようになってから?

「そうですね。菊水丸と初めてやったのは、僕が二三歳の

ころだと思うので一九八二年ぐらいだったと思います。当時、角淳一さんというMBS（毎日放送）のアナウンサーの方が、『ハロー・ナショナルショールーム』という公開録音のラジオ番組をやっていたんですね。角さんは音楽好きな方で、異ジャンルの音楽家同士を番組中で競演させるという企画をやっていた。そのとき構成をやっていたのが上田キンタという人で、彼は憂歌団やノー・コメンツの作詞をやってたんですよ。彼から〈河内音頭をバンドでやってる河内家菊水丸という変わったヤツがいるので、一度一緒にやってみないか〉という提案があったんです」

——そのときのことって覚えていらっしゃいます？

「僕は途中からノー・コメンツに入ったので、当時必死だったんですよ。テンパりながらやってたから、細かいことはあまり（覚えていない）。ただ、後から菊水丸に聞いたら、〈洋楽のギターの人やのに、こんだけうまいこと合わしてくれる人がおるんか〉と驚いたらしくて、その後一緒にやるようになったんです」

——子供のころから触れていなかったのに、河内音頭にはすっと入れた？

「強引に言っちゃえば、レゲエといえばレゲエですからね。若井ぼんさんが久保田麻琴さんと一緒にやったりしてましたけど［久保田がプロデュースしたJAMES BONG名義の一九八五年作〝商売繁盛じゃ笹持ってレゲエ〟］、河内音頭と裏打ちは合うんですよ。だいたいノー・コメンツ自体がヘンなバンドでしたからね（笑）。もともとスカ・バンドだったんですけど、八〇年代の段階でアフロビートとかカリプソをやってて。普通のロック・バンドだったら菊水丸と一緒にやるのは無理だったと思います。ただ、菊水丸は十代のうちから芸能活動をやってたわけで、最初は〈アーティスト同士の競演〉というよりも〈タレントさんの伴奏をやった〉という感覚でしたね」

——それが続けていくなかで音楽的な共感を感じるようになった？

「『ハロー・ナショナルショールーム』のすぐ後ぐらいにはお互いに〈おもしろいから今後も一緒にやっていきたい〉と話していたと思います。ほどなくして〝レゲエ一代男～ボブ・マーリー物語〟〝グリコ事件終結宣言〟みたいな曲を一緒にやるようになって。僕らもあまりに突拍子のないアプローチだったんで、おもしろくて仕方なかったんです。当時は音楽的実験というよりも〈へえ、すげえなあ！〉っていう感覚が勝っていたと思うし、ワクワク感がありましたね」

——当時、河内音頭とレゲエなどの要素を組み合わせるとき、難しさを感じることはなかったんでしょうか。

「まず、河内音頭をバンドでやること自体が難しいんです。河内音頭の歌はアドリブの要素が多いわけですけど、歌に対してバックもアドリブで対応しないといけない。リズム的に言ったら、河内音頭は四分の四拍子では割り切れない音楽で、四分の二で進行しつつ、四分の四＋四分の二で終わったりする。１２３４１２３４というリズムでドラムを叩いていても、どこかで裏返ってしまうんですね。そういうリズムを把握する作業がまず必要になるんです」

――コードも西洋音楽とは違いますよね。

「そうなんですよ。たとえば、ひとつのメロディーがあったとしたら、いろんなコードに解釈できる。アドリブでコードをあてなくちゃいけない場面があるわけですが、ギターとキーボード、ベースでそれぞれ違うコードを連想したりするんです。乱暴に言ってしまえば、河内音頭のコードは（キーがCだとすると）CかBマイナーでだいたい解決できるんですけど、どっちのコードを選択するかは人によって違うわけですね」

――歌詞の内容によってもどちらのコードを選択するか変わってくるんですか？

「そういう場面もありますね。僕も三〇数年やってますんで、ようやく理解できるようになった。陰な歌詞のときはメジャー進行でもわざと暗く聞こえるコードをあてたり、そういうことは以前ならできなかったですね」

――河内音頭には楽譜があるわけじゃないし、習得にも時間がかかるわけですね。

「うん、そうですね。あとね、今は菊水丸と太鼓と僕の三人でやってるわけですけど、和音は僕だけ。ここにもうひとり入るとバランスが崩れちゃうんですね。もともと河内音頭自体がコードをもとに作られているものではないですし、音楽理論的な正解がないんですよ。なので、非常に難しい」

ギタリストは音頭取りの〈息を盗む〉

――河内音頭のギターはいわゆるコード・カッティングだけじゃないですし、すごく独特だと思うんですよ。リズムに関しては先ほどレゲエ的とおっしゃいましたが、メロディーについてはどう思われますか？

「洋楽っぽいフレーズを入れても水と油というか、どうもハマらないんですね。当然、三味線的なアプローチのほうが合う。無理矢理表現するならば、リンガラに近いといえば近いかな。特にダンスに入る前のスロウパートの感じ。歌に対して綺麗に絡んでいくところは河内音頭に近い気もしますね、あえていえば」

――ジャズとも違う?

「ああ、違いますね。河内音頭のギターは完全に歌を立てるためのもので、音頭取りが歌ってるときにギターが大きく聴こえちゃダメなんです。ギターを聴きにきているお客さんは誰もいないですし、みなさん踊るためか、もしくは菊水丸の口から出てくる物語を聴きにきている。そういえばね、菊水丸が昔、乱暴なことを言ってたことがあって。彼は〈極端な話、僕が歌うてるときはギターなかってもいいんですよ〉と言うんです。〈そのかわり、僕が休みたいときがあったらどんどんいってください。ナンボ弾いてもらってもいいですから〉と。乱暴なこと言うなあと思ったんですけど、今だったら理解できる」

――では、ギターの一番重要な役割とは?

「漫才の相方みたいなものでしょうね。限りなくツッコミに近い。ギタリストは音頭取りの〈息を盗む〉んです」

――息を盗む?

「舞台や櫓の上ではいろいろなことを先読みしないといけない。〈ここでブレスするな〉とか〈ちょっと休みたいかな〉とか。息を吸うのを見てから間を埋めるんじゃ遅いんですよ。そこは太鼓も一緒。先読みして音がうまく繋がることによって、ようやくリズムと流れができる。その意味では浪曲の三味線に近いですかね」

――なるほど。

「浪曲の三味線って、あれだけで物語を作り、情景を作る。河内音頭のギターも元はそこだと思います」

――河内音頭の会派の多くには三味線奏者とともにギタリストがいますよね。三味線だけではなく、エレクトリック・ギターがいないといけない理由はどこにあると思われますか?

「それは時代の流れということなんでしょうね。河内音頭にギターが導入されるようになったのは昭和三〇年代のことで、結構古いんですよね。河内音頭は昔から何か新しいことをやろうという風潮があって、鉄砲(光三郎)さんもハワイアンのスティール・ギターを採り入れたり、いろんなことをやってはった。新しいことをやったもの勝ちみたいなところは今もあるし……だからね、エレキ・ギターじゃなきゃいけない理由ってあんまりないような気もするんですよ(笑)。まあ、三味線よりも手に入れやすいとかどこでも弦を買えるとか、そういうことはあると思いますけど、エレキの音が河内音頭の重要な記号(ファクター)になっているのは事実だと思う」

芸能の原点を表現していきたい

――では、菊水丸さんのもとでタッグを組んでいる太鼓の三条

史郎さんとは、どのような関係性で音を鳴らしているんでしょうか。

「もちろん菊水丸が中心にあって、好きなことをやってもらうというのが重要。あくまでも僕ら二人は盛り立て役なわけです。ただ、バラシと呼ばれるクライマックスでは歌が完全に休むパートがあるんですね。そのときは太鼓と音で会話するように掛け合いで演奏することもあります」

――太鼓とギターのセッションですよね。昨年（二〇一五年）に拝見した際の演奏はジャズのインタープレイみたいな感じもしました。

「ああ、そういう演奏をすることもありますね。好きにやってる感じ。あと、僕の場合はミュートしながら三味線風のフレーズを弾くことがあるんですけど、あれは他の人はあまりやらないと思う。というのも、他の会派は三味線がいますから。ウチにはいないので、〈三味線がほしいな〉というときは僕が三味線奏者に化けるんです」

――河内音頭を弾く際に使っているギターは何ですか？

「時代によって変わりますけど、今はポール・リード・スミスというアメリカのメーカーのセミアコ・タイプのものを使ってます。長いことストラトを使っていた時期もあったんですけど、十数年前から（ギブソンのセミアコースティック・ギター）335に変わって、去年からポール・リード・スミスになりました。音に温もりのあるセミアコやフルアコのほうが合うんです」

――エフェクターは？

「まったく使ってないですね。やっぱり歌を邪魔しちゃダメなので、ディストーションなんてもってのほか。なかにはフェイザーとかコーラスを使ってる方もいますけど、いまいち意味が分からない（笑）」

――三〇年以上河内音頭に携わってこられたわけですけど、どのような部分に河内音頭の可能性を感じますか？

「他の民謡みたいに形が固まっているわけでもないし、遊びどころ満載だと思うんですよね、河内音頭って。ただ、これまで菊水丸といろんなことをやってきましたけど、僕個人としては、今はちゃんとした河内音頭をやりたい。物語が成立していて、盆踊りだったらきちんと踊らせる。そして、踊らせながらも聴いてるお客さんたちにちゃんと伝わる河内音頭。そういうものをやりたいですね。菊水丸も古典に戻ってきましたし、浪曲に近づけたらいいなと思ってます。踊れる浪曲というか」

――踊れる浪曲、ですか。

「なおかつ感動し、笑ってもらえるもの。僕も伴奏しながら自分で感動してしまうことがあるんです。何度もやってるネタにもかかわらず、三人が昇華していくような瞬間がある。演奏しながら一緒に半泣きになるような演奏ができたら一番ですね」

――その感動が伝染して、踊りの輪に広がっていくわけですね。

「そうそう。たまに踊りながら泣いてる方もいますよ。でも、なかなかそこまではいけない。目指すところは踊れる話芸。講談であり浪曲であり落語であり」

――まさに総合芸能ですね。

「しかも三人で何千人も踊らせるわけですから。櫓のうえで演奏しながら〈やったな〉と思うこともありますよ（笑）。あの人数でリズムとメロディーを成立させ、すごい人数を踊らせている快感というのはやっぱり特別なものですから。小手先の表現じゃなく、芸能の原点を表現していきたいですね」

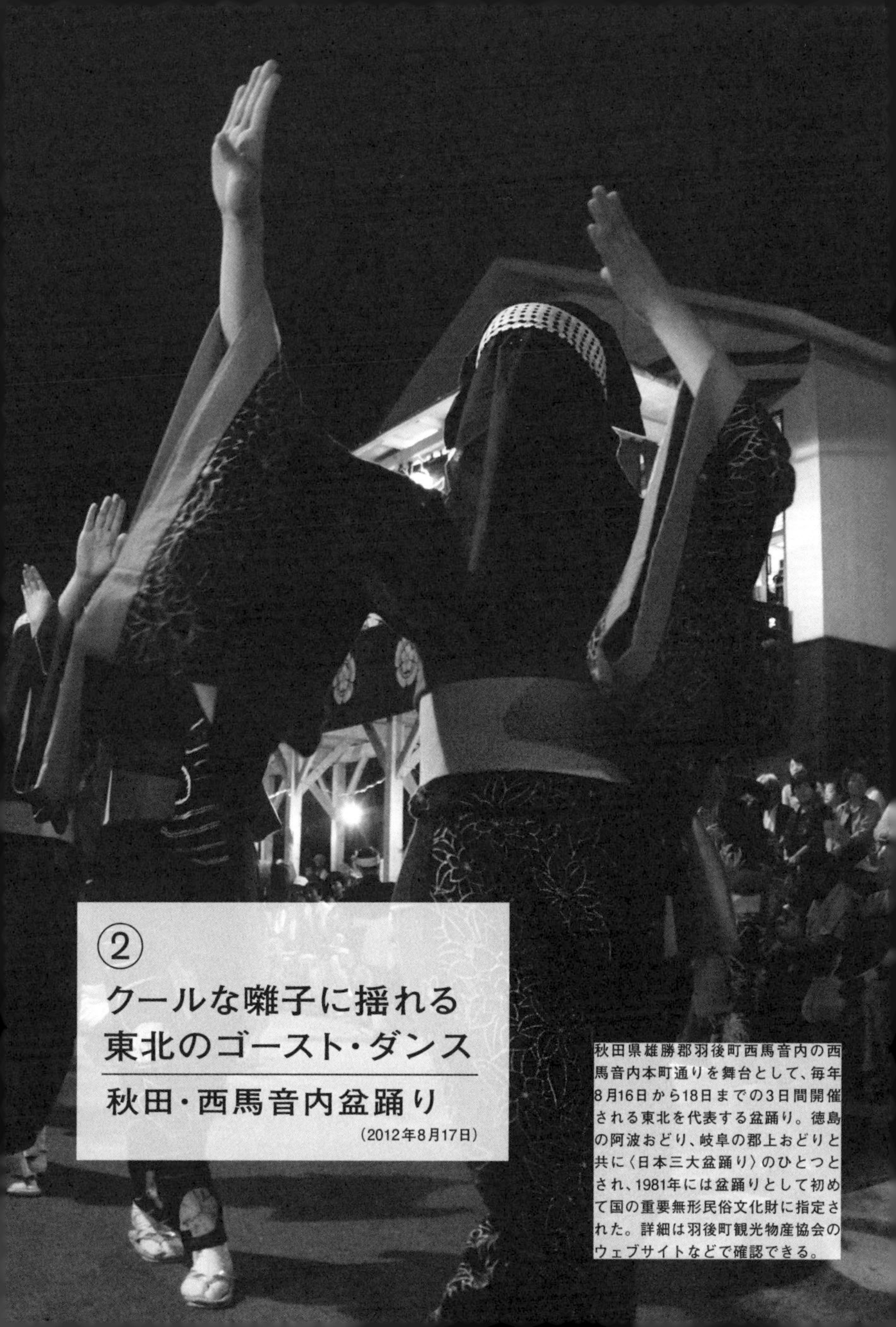

②
クールな囃子に揺れる
東北のゴースト・ダンス
秋田・西馬音内盆踊り
（2012年8月17日）

秋田県雄勝郡羽後町西馬音内の西馬音内本町通りを舞台として、毎年8月16日から18日までの3日間開催される東北を代表する盆踊り。徳島の阿波おどり、岐阜の郡上おどりと共に〈日本三大盆踊り〉のひとつとされ、1981年には盆踊りとして初めて国の重要無形民俗文化財に指定された。詳細は羽後町観光物産協会のウェブサイトなどで確認できる。

秋田県雄勝《おがち》郡羽後町西馬音内《にしもない》――横手盆地の南西端に位置し、アイヌ語で〈深い断崖の小さな流れ〉を意味する西馬音内は、全国的にも有名な、とある盆踊りの開催地として知られている。それが西馬音内盆踊りだ。

この祭りのファンは多く、かの岡本太郎もかつて祭りの時期の西馬音内を訪れ、昭和四一年の著作『岡本太郎の眼』で熱のこもったレポートを記しているほか、秋田の農村で撮影を続けた写真家の木村伊兵衛《いへえ》も昭和二七年八月に西馬音内盆踊りを訪れている。

なぜ西馬音内盆踊りは多くの人々を引きつけてきたのだろうか。

西馬音内盆踊りは毎年八月一六日から一八日にかけての三日間、西馬音内中心部を貫く本町通りを舞台に開催される。祭りを構成するのは、櫓の上に陣取った囃子方が奏でる特徴的な囃子と、それに合わせてゆったりとステップを踏む踊り手たち。なによりも強烈な印象を残すのが、踊り手たちが被る彦三頭巾《ひこさずきん》である。眼の部分だけ穴が開いた黒い頭巾はまるでイスラムのブルカ（ヴェール）のようでもあり、一種異様な雰囲気を醸し出す。また、彦三頭巾と共に西馬音内盆踊りの正装である編み笠を被る踊り手たちの顔も、同じようにほとんど見えない。

顔を隠すことで踊り手たちの匿名性を高め、ボーダレスな存在になろうとする祭りは全国各地に見られるが、覆面舞踏会的とも言える西馬音内盆踊りはそのなかでも特別にミステリアスな魅力を放つ。

覆面の奥から放たれる禁欲的なエロス。秘境に鳴り響く神秘的な囃子。静寂のなかから沸き上がる静かな熱狂――西馬音内盆踊りは、〈東北〉の地へのロマンとエキゾチシズムを存分にかき立てる。そりゃ岡本太郎も木村伊兵衛も惚れ込むはずである。

複雑なレイヤーを織りなす西馬音内の文化

西馬音内の歴史は古い。奈良時代に造営されたと言われる雄勝城はどの地に建っていたのか、現在も議論が続けられているが、西馬音内はその候補地のひとつとされている。雄勝城は出羽北部の蝦夷《えみし》を制圧するための古代大和朝廷の拠点だったとも言われ、アイヌ語由来とされる〈ニシモナイ〉という地名と共にさまざまな妄想が働く。

戦国時代末期には小野寺氏が仙北地方を領有、西馬音内城が築き上げられた。以降、出羽山地に点在する村落を後背地とする商業拠点として、また物流の要所として、西馬音内は発展を遂げていく。その発展を支えたのが、雄物《おもの》川およびその支流における舟運だ。明治時代に奥羽本線が全線開通するまでは、この雄物川を舟が頻繁に行き来していたと伝えられているが、日本海を縦横無尽に走る北前船と雄物川の舟運を通じ、京都や大阪の物資と文化が秋田の奥地まで運び込まれた。下り舟に乗せられたのは年貢米や近隣の院内銀山で採掘された鉱石など、上り舟には海産物や上方の町人文化が積み込まれた。

西馬音内盆踊りに関してもっとも信頼のおける論考を発表し続けた同地出身の詩人/郷土史家、

小坂太郎は『自然と文化』六五号所収「西馬音内のお盆行事」において、当時の西馬音内についてこう描写している。

「近世の秋田藩佐竹氏の下では、参勤交代の大名行列も往来する交通の要地として物資の集散も盛んになり、一六六四年には藩庁から市場の開設が許可された。以降、純農村から商業地として発展。富裕になった商人たちは進んで土地集積に着手し、次第に地主の町としての文化も形成されていった」

現在の西馬音内の集落を歩いてみると、風格のある旧家が立ち並んでいることに気づかされる。そこに住んでいるのは〈富裕になった商人たち〉の末裔だ。

重要なのは、先述したようにこの西馬音内が〈出羽山地に点在する村落を後背地とする商業拠点〉だったということだ。羽後町と鳥海町の境目に位置する仙道地区には四〇〇年の歴史を誇る仙道番楽《せんどうばんがく》が伝えられているが、これは山伏行者の神楽舞をルーツとする。仙道地区周辺を行き来する山伏行者たちは当然西馬音内にも立ち寄っていただろうし、加えて北前船経由でやってきた京都や大阪の船乗りたち、東北各地の商人たち、ひょっとしたら院内銀山で働いていた隠れキリシタンや異人たちも……ちょっと妄想を膨らませすぎたが、ともかく、西馬音内の文化は複雑なレイヤーを織りなしているのである。そして、それを分かりやすく象徴しているのが西馬音内盆踊りなのだ。

二つのルーツ——豊年踊りと念仏踊り

西馬音内盆踊りの起源には二つの説がある。ひとつは正応年間（一二八八〜一二九二年）、源親《げんしん》上人によって豊作踊りが西馬音内へと伝えられ、蔵王権現（現在の御嶽神社）の境内で踊られたものを起源とする説。

もうひとつは関ヶ原の戦い（一六〇〇年）の結果、西軍に味方したとされる西馬音内城主・小野寺氏が没落、土着帰農した遺臣たちが小野寺一族の霊を鎮めるために踊った念仏踊りをルーツとする説。

こうした起源は祭りの歴史的説得力を強めるための〈箔〉みたいなところがあって、そのまま鵜呑《うの》みにすることはできないが、西馬音内盆踊りの場合は二つの起源が現在の祭りにも痕跡を残している。

西馬音内盆踊りは二曲の囃子歌によって踊られる。一曲は〝音頭〟、もう一曲は〝がんけ〟。先述の小坂太郎によると、〝音頭〟は豊年踊りの流れに連なり、〝がんけ〟は念仏踊りの系統を引くそうで（〝がんけ〟とは僧侶が庶民の救済のための布教活動として行う〈勧化《かんげ》〉を語源とするとも言われる）、そうなると先に挙げた二つのルーツ——豊年踊りと念仏踊り——が二曲にバランスよく受け継がれていることになる。

西馬音内盆踊りを経済的に支え、発展させてきたのは豊かな商人や地主たちだった。だが、衣装に関しては農民たちが持ち込んだものからの影響が色濃く残っている。例えば、西馬音内盆踊りの象徴とも言えるミステリアスな彦三頭巾。これは農作業の際に着用されていた頭巾が元になったと言われ、庄内地方の〈はんこたんな〉や由利地方の〈はなふくべ〉など近隣地域の野良着《のらぎ》ともよく似ている。

また、踊り手たちが着る色鮮やかな藍染め浴衣。この藍染めには虫除け効果もあり、野良着には欠かせない技術でもある。西馬音内盆踊りのもうひとつの象徴とも言える端縫《はぬ》い衣装［配色や配置を意識しながら大小の絹布を継ぎ合せた衣装］は、農民たちと直接結びつくものではないものの、もともとは防寒の中着（下着／襦袢《じゅばん》）として使用されたものが一種の晴着として着用されるようになったとされる。

普段の生活のなかで着ていたものに手を加え、〈ハレ〉の場の衣装として作り替えた西馬音内の女たち。僕はそこから彼女たちの逞しさと創造力を感じる。

小坂太郎はそんな西馬音内盆踊りの成り立ちを短い言葉でスパッと説明している。僕はここに付け加える言葉を持っていない。

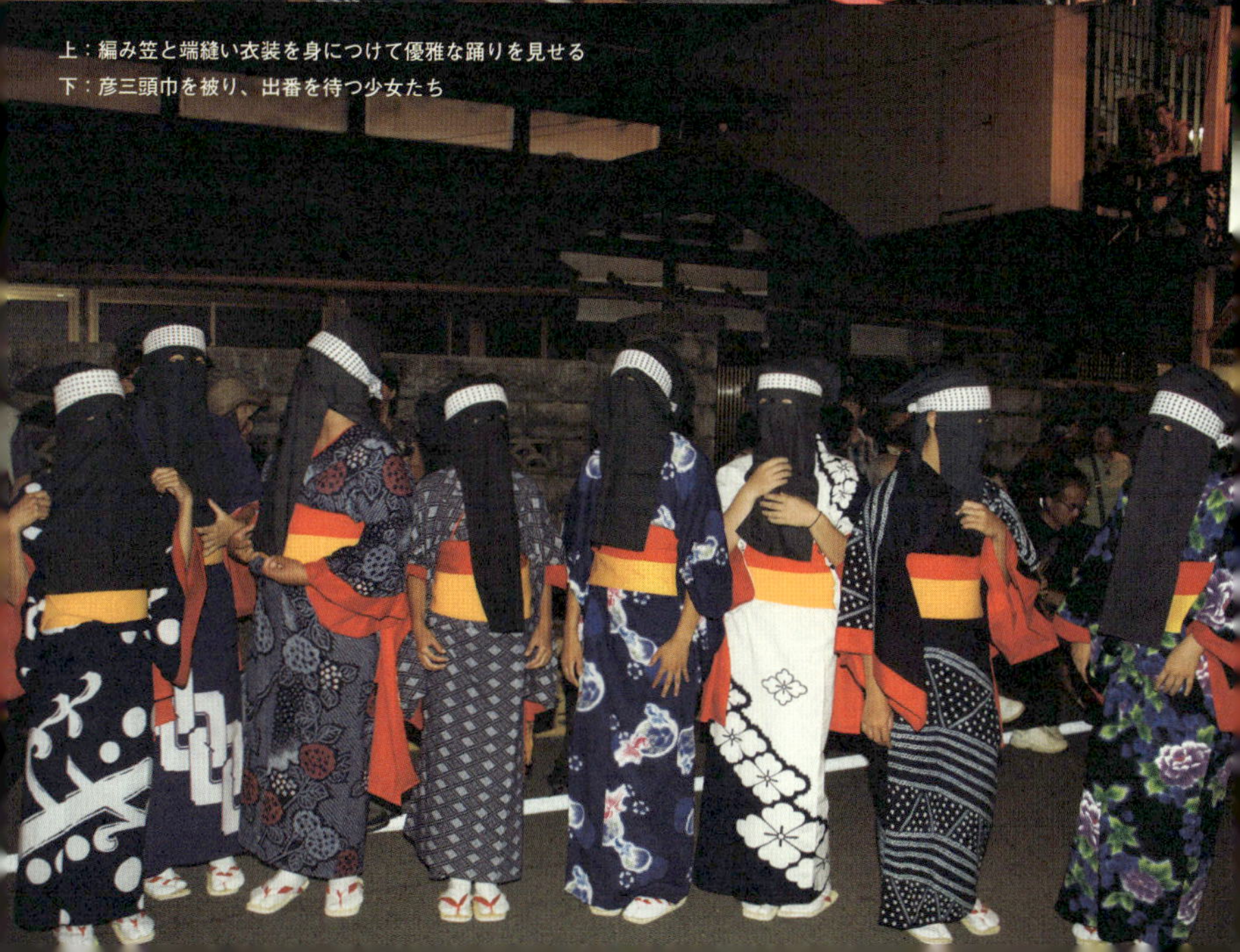

上：編み笠と端縫い衣装を身につけて優雅な踊りを見せる
下：彦三頭巾を被り、出番を待つ少女たち

「私は西馬音内盆踊りは藩政（江戸）時代後半期を起源とするのではないか、と考察するのである。わが町の先祖たち（農民）は生産生活（労働）で身につけた動的なリズム感・素朴で開放的な明るい情感などを囃子のなかで表現し、それに外からの優れた芸能文化＝静的で優雅で繊細な上方風の振りを溶け込ませ、練り上げ磨き上げてきたものと考える」

（『民話と文学』所収「西馬音内盆踊り考――そのルーツと特色」）

現在まで受け継がれる西馬音内盆踊りのスタイルが確立されたのは、昭和一〇年四月、東京の日本青年会で行われた〈第九回全国郷土舞踏民謡大会〉に出場が決まってからのことだった。古老たちからの聞き取り調査をもとに定型の踊りを確定。それまでは太鼓と篠笛、歌だけだった囃子に三味線と鼓、鉦が加わり、一段と派手なものになった。また、それまでさまざまな衣装が着用されていたものを揃いの衣装に統一。彦三頭巾、編み笠、端縫《はぬ》い衣装、染め浴衣が西馬音内盆踊りの〈オフィシャルな〉衣装となった。

地口が引っ張る〈音頭〉、篠笛のメロディーが牽引する〈がんけ〉

二〇一二年八月一七日。僕は東京から西馬音内に向かった。最寄りのＪＲ奥羽本線の湯沢駅からバスで二五分、青々とした水田のなかを走り抜けると、西馬音内の地へようやく辿り着く。

西馬音内に到着したのは夕方五時。祭りのスタートまではまだ二時間ほどあったが、すでに町中にはカメラを下げた観光客が溢れている。さすが観光客誘致の対策を積極的に講じてきた西馬音内盆踊り、観光客を迎える体制はバッチリだ。中心地となる盆踊り会館には各種資料が販売されているし、盆踊り会館では映像も上映されている。祭りの会場となる本町通り各所にスピーカーが設置されているほか、名産品を販売する飲食コーナーもすでに準備万端。西馬音内盆踊りの象徴とも言える篝火も点火を待つだけの状態になっている。

夜七時前、西馬音内の町中に〈寄せ太鼓〉のビートが響き渡る。これが祭りの始まりを宣言する合図となって、そのビートに引き寄せられるかのように艶やかな衣装に身を包んだ踊り手たちがひとりまたひとりと本町通りに集まってくる。

先にも書いたように西馬音内盆踊りでは〝音頭〟と〝がんけ〟という二種類の曲が交互に演奏され、それぞれに対応する踊りが踊られる。〝音頭〟の中心をなすのは地口《じぐち》と呼ばれるラップ・パートで、内容は風刺や御国自慢、猥談《わい》など。地口のフロウは〝秋田音頭〟に似たもので、かつては即興で言葉を乗せていったという。秋田弁のイントネーションにはジャマイカン・イングリッシュであるパトワにも似た粘っこさがあるが、〝音頭〟ではそのイントネーションが独特のファンクネスを生み出す。

なお、この地口は古くから伝えられているものもあれば、近年になって作られたものもある。次の一節は昭和六年、地元の〈若返り酒造〉が懸賞募集した際の入選作だという。

時勢はどうでも世間はなんでも踊りこ踊たんせ
日本開闢《かいびゃく》天の岩戸も踊りで夜が開けた

僕が現地で購入した『西馬音内盆踊り 地口とがんけ集』という本にはさまざまな地口が掲載されている。当然かなり下世話なものもあり、これがまた実にいい感じなのである（伏せ字の箇所は原文ママ）。

あんさんあんさん踊りこ見るたて　そんなに立って見るな
立っていいのは電信柱とあんちゃの××ばかり

また、即興で歌ったためか、意味不明でヤケクソ気味のものも多い。次の一節などはフリースタイルのラップ・バトルで追い込まれ、冷や汗をかきながらなんとかヴァースを埋めようとするラッパーの姿とダブってしまう。

いろはにほへと ちりぬるをわか よたれそつねならむ
うゐのおくやま今朝超えて夢見てしょんべたれた

新民謡のようにプロの作詞家・詩人が書いたわけでもなく、地元の庶民たちが記したこれらの地口には、気取りのない楽しさと下世話なエネルギーが充満している。ただし、なかにはおっちょこちょいの村民がやってしまった失敗談や笑い話も記録されたものもあるわけで、当事者にしてみればなんとも恐ろしい話ではある。なにせ、自分の失敗談が見ず知らずの人々によって長い間歌い継がれていくのだから、たまったものではない。

一方、七七七五調の甚句《じんく》形式で歌われる〝がんけ〟においてとりわけ印象的なのが、物悲しい篠笛のメロディーだ。地口が引っ張る〝音頭〟に対し、〝がんけ〟はこの篠笛のメロディーが牽引するミニマルなビートが軸。念仏踊りをルーツとするとされるだけに、こちらはよりディープな響きを持つ。

夜九時までは子供や初心者が踊りの輪の中心だったが、それ以降になると風格のある踊り手が多数を占めるようになる。祭りのムードが一気に濃厚になり、静かな興奮が踊りの輪に満ちてくるのが分かる。

だが、西馬音内盆踊りが本当の姿を僕らに見せてくれるのは、夜一〇時を過ぎてからだった。西馬音内には宿泊施設が少ないため、ほとんどの観光ツアーが田沢湖など近隣の観光地のホテルを押さえる。それゆえ、一〇時前には多くの観光客がバスへと戻ってしまうのだ。

写真家の芳賀日出男は雑誌『芸能』の昭和三六年八月号において「最近は秋田市あたりから観

光バスで見物にくるようになった。が、本当に踊りの好きな人はこのバスが帰ってしまった午後一〇時頃から出てきて踊りの輪に加わる」と書いているが、その状況は五〇年経った現在も基本的に変わらない。

一〇時を過ぎたころから踊りと囃子のテンションは明らかに高くなり、地口にもそれまでに以上に露骨な下ネタが多く含まれるようになる。編み笠から覗くうなじに汗が流れ落ち、なかには体力が尽きたのかフラフラと踊りの輪から外れていく踊り手もいる。それまでは観光客のために〈見せるもの〉だった踊りは、この時間帯から西馬音内の人たちの元に取り戻され、本当の西馬音内盆踊りが始まるのだ。

立ち上る亡者のざわめき

西馬音内盆踊りは〈亡者踊り〉とも呼ばれる。目だけを出した彦三頭巾が亡者を連想させるところからこう呼ばれるようだが、単なるイメージの連鎖によってそう呼ばれるわけではないことは、念仏踊りをルーツに持つこの盆踊りの成り立ちから明らかだろう。

“がんけ”の振り付けのなかには腰に重心を置いてクルリと回転する所作があるが、小坂太郎によると、これは「死と再生の繰り返し（輪廻転生）を意味する」という。通りには砂利が撒《ま》かれているため、踊り手たちが回転するたびに〈ザリッ〉という音が響き渡る。そして、その音が響き渡るたびに死と再生の物語が繰り返されるのだ。一〇時までは亡者を〈演じていた〉踊り手たちは、ラスト一時間で亡者と生者の間を行き来する存在となる。

亡者踊りという言葉をそのまま英訳すれば、すなわち〈ゴースト・ダンス〉だ。ふと僕は一九世紀末、北米のネイティヴ・アメリカンたちの間で興った終末思想、ゴースト・ダンスのことを思い出す。これは白人からの迫害に苦しむネイティヴ・アメリカンたちが魂の救済のために歌い踊った亡者の歌とダンスであり、部族の団結を強めるためのものだった。歌と踊りに対する人間の根源的な欲求と意識。祝祭空間における生者と亡者のボーダーライン――頭のなかにいくつものキーワードが立ち上がり、イメージが接続されていく。

〝音頭〟と〝がんけ〟、二曲の囃子どちらにも共通しているのが、独特の静けさを持っているということだ。言い換えれば、クール。禁欲的でありながら、青白く光る炎が揺らめいているかのような静かな熱狂を秘めているのだ。例えるならば、阿波おどりがニューオーリンズ・ファンクだとすれば、西馬音内盆踊りの囃子はミニマル・ファンク、それもジェイムズ・ブラウン的なそれではなく、Ｐファンク的なミニマル・ファンクだ。

二曲の囃子はどちらも隙間が多く、タメが効いたものだが、先にも書いたようにそこに秋田弁の訛《なま》りが残る地口／歌が乗ることで独特のファンクネスが生み出される。そして、その隙間からは亡者たちの気配がざわめきのように立ち上る。横手盆地を取り囲む奥羽山脈と出羽山地の彼方、

3
4

生者と亡者のボーダーラインの向こう側から立ち上る気配――。

彦三頭巾の向こうから覗く目と視線が交差する。その瞬間、僕はもう、その眼差しに秘密めいたエロスを感じなくなっていた。彦三頭巾に開いた二つの穴は、異界への覗き穴である。向こうから見られているのか、こちらから向こう側を見ているのか……夜一〇時まではまったく感じることのなかった、ゾクゾクするような感覚が全身を駆け抜ける。終焉に近づけば近づくほど、踊りの輪のなかに広がる空気がみるみる濃くなっていくのが分かる。踊り手たちが本来の姿を露わにしていくのである。

夜一一時、祭りの終焉の合図である寄せ太鼓が鳴り響く。櫓の下に踊り手たちがワーッと駆け寄り、歓声が上がる。この瞬間、亡者踊りの踊り手たちは現世へと舞い戻る。

僕はというと、張りつめるような緊張感から解放され、思わず溜め息を洩らしていた。考えてみれば、開放的な祝祭空間であるはずの祭りの場でここまで全神経を集中して踊りの輪を見つめ続けたことはなかった。先ほどまで一切感じていなかった疲労感がどっと押し寄せる。タクシーをつかまえて帰路につき、西馬音内の集落と外界を分け隔てる西馬音内川を越えたとき、僕はようやく「ああ、娑婆《しゃば》に戻ったんだ」と安堵することができたのだった。

篝火に照らし出されながら、禁欲的なミニマル・ファンクで静かに熱狂する亡者たち――あの光景は本当に現実世界のものだったのだろうか？　最後の一時間、まるで蜃気楼《しんきろう》のようにユラユラと立ち上がってきたあの気配はなんだったのか？　いくつかの疑問を解くため、僕はもう一度西馬音内川を越えなくてはいけないのだろう。

［参考文献］
●『自然と文化』六五号（日本ナショナルトラスト）
●『民話と文学』一九九九年一〇月号（民話と文学の会）
●『西馬音内盆踊り 地口とがんけ集』（羽後町商工会）
●『西馬音内盆踊り2公式ガイドブック』（羽後町観光物産協会）
●『芸能』昭和三六年八月号（芸能発行所）

③ 死の記憶が刻み込まれた盆踊りのステップ

岐阜・郡上おどりと白鳥おどり

（2013年8月15日）

郡上おどりは7月中旬から9月上旬にかけて、岐阜県郡上市八幡町の各地で32夜にわたって開催される。夜8時から10時半～11時までが基本だが、8月13日～16日の徹夜踊り期間中は朝まで踊られる。白鳥おどりも同じく7月中旬から始まり、8月下旬までの約20夜に渡って開催。こちらの徹夜踊りは8月13日～15日までの3日間。拝殿踊りも含め、スケジュールは郡上市観光連盟公式サイトなどで事前に発表される。

クラブ・フロアの高揚感を求めて

朝までクラブで踊り続けることが日常になっている僕にとって、〈徹夜おどり〉という言葉はなんとも甘美な響きを持つ。疲労と高揚感がゴチャ混ぜになった朝方のクラブで、酒と汗でドロドロになりながら目の前に広がる奇跡的な光景に心を震わせた経験は一度どころじゃないし、盆踊りという祝祭空間のなかでそれに似た感覚を味わうことができるなんて、想像するだけでもゾクゾクしてくるではないか。

そもそもかつての盆踊りには朝まで踊り続けるものが少なくなかった。大阪でも昭和四〇年代までは河内音頭で朝まで踊る盆踊りがあったそうだし、朝までとはいかないにしても、深夜まで踊る習慣は決して珍しいものではなかったという。

ただし、盆踊りとは時に民衆のアナーキーなエネルギーを内包するもの。風紀上の問題から盆踊りが規制された例は室町時代からあったようだが、戦後になってからは近隣住民からのクレームを主な理由として、夜を徹して行われる盆踊りは極めて少なくなった。現在では岐阜の郡上《ぐじょう》おどりや白鳥《しろとり》おどり、長野県阿南町に伝わる新野《にいの》の盆踊りなど数えるほどしか存在しない。

二〇一三年八月一五日、全国的にもっとも知られる徹夜おどり、郡上おどりを体験するために岐阜県郡上市八幡町（通称〈郡上八幡〉）へ向かった。そして、朝方のクラブ・フロアで感じたものと同じ類いの高揚感を祭りの現場で感じることが目的だったこの旅は、思いもよらぬ深みへとハマりこんでいくことになる。

深夜一二時、郡上おどりの熱狂

郡上おどりは日本有数のクレイジーな盆踊りだ。なにせ七月中旬から九月初旬までトータル三二夜行われ、そのうち徹夜おどりは八月一三日から一六日まで四日間も続くというのだから、祭り中毒にもほどがある。スタートは夜八時、終演は朝四時すぎ（昭和三〇年代までは朝六時まで続いたという）。祭りの主役はあくまでも踊り手たちで、徹夜おどりの四日間は鳴り止まぬビートを求めて日本全国からハードコアな〈ダンサー〉たちが集結する。

他の盆踊り同様、郡上おどりのルーツもはっきりとしない。元来、郡上八幡は郡上藩（八幡藩）の城下町として発展してきた。時は寛永年間（一六二四〜一六四五年）、当時の郡上領主だった遠藤慶隆《よしたか》が士農工商の融和を図るために郡内各地で行われていた盆踊りを宮や寺の境内、門前町で行うことを推奨し、それが郡上おどりのルーツになったという説がある。寛永年間以前の郡内でどのような盆踊りが行われていたのかを伝える文献は少ないが、さまざまな人々が行き交う城下町だっただけに、各地から多種多様な念仏踊り・風流踊りが持ち込まれたであろうことは想像に難《かた》くない。

囃子方が乗る踊り屋形を中心にして、踊り手の輪が東西南北へと広がるのが郡上おどりのスタイルだ。囃子方は全部で一〇の踊り種目を演奏するが、なにせビートに対してシビアな耳と感覚を持つダンサーたちのダンス欲を朝まで満たし続けないといけないわけだから、踊り種目のヴァリエーションは実に豊かだ。異なるテンポと曲調のものがバランスよく配置されていて、朝まで飽きずに踊り続けられる仕掛けになっている。

一〇の踊り種目はそれぞれ多種多様な背景のもとに成立している。

伊勢の参宮道者によって持ち込まれた踊りから生まれたとされる〝古調かわさき〟、軍馬および畜産用の馬に対する愛着を込めた〝春駒〟、養蚕《ようさん》農家がネズミ取り用に飼い始めた猫のかわいらしい所作を踊りに盛り込んだ〝猫の子〟、旅芸人によって持ち込まれたとされる騒《さわ》ぎ唄／酒盛り歌の郡上ヴァージョン〝さわぎ〟、御殿女中の手鞠《てまり》突きの動作を踊りに採り入れ、歌詞には童歌や口説き調盆踊り歌の要素も残す〝げんげんばらばら〟――それぞれの歌には当時の人々の生活が生々しく描き出されている。

また、檜作りの踊り屋形には一〇人前後の囃子方が乗る。大太鼓、小太鼓、横笛、三味線という編成。音頭取りの歌声はマイクで拾われ、無限に広がる踊りの輪の最後尾までしっかりと届けられる。

僕が郡上八幡に到着したのは深夜一二時過ぎ。踊りの輪のなかに渦巻く熱気は早くも凄まじい

春駒

新町通

ものだった。誰もが無心にステップを踏んでいて、都心の盆踊りのように恥ずかしそうな素振りで不器用に身体を揺らす者などひとりもいない。

踊り種目の長さはどれもだいたい一〇分ほど。歌と太鼓のリズムだけで奏でられる〝猫の子〟はきわめてシンプルな歌だが、踊り手たちが踏みならすゲタのビートが囃子のグルーヴをしっかりと補強している。郡上一揆《いっき》で戦った義民たちを讃《たた》える〝ヤッチク〟は〈アラ、ヤッチクサッサ〉という囃子言葉がキャッチーな効果を上げていて、こちらも思わず〈アラ、ヤッチクサッサ〉と声を上げたくなってしまう。

ミニマルな魔力に溢れた〝ヤッチク〟に続く〝かわさき〟では、前曲でお休みしていた笛と三味線が瑞々《みずみず》しいメロディーを奏でるのだが、ここでまた音の風景がガラッと変わる。ハウスDJで言えば、音数の少ないハードな四つ打ちで散々引っ張ったあと、ストリングスの入った流麗なガラージをミックスしてダンサーを刺激する感じだろうか。

踊り手の熱気が最高潮に達するのは、〝かわさき〟と並んで全国的にも知られる〝春駒〟。〈七両三分の春駒、春駒〉という冒頭のフレーズを音頭取りが歌っただけで「ワッ」と歓声が上がる。一〇分の演奏時間のなかでテンポが少しずつ速まっていく気がしたのは、踊りのヴォルテージがどんどん高まっていったからだろうか。

踊り手からの〈もっと強烈なビートをくれ!〉という無言の欲求が囃子方を煽り、〈じゃあ、これで踊ってみろ!〉という囃子方のレスポンスが火に油を注ぐ——ピークタイムのクラブ・フロアとなんら変わらない光景がそこにはあった。

白山信仰の記憶を残す白鳥おどりの舞台

深夜二時。熱気に溢れた郡上八幡を後にして、長良川沿いを上流に向かって車を走らせる。高速道路を三〇分。到着したのは、岐阜の祭り仲間から〈郡上おどりより凄い〉と聞いていた白鳥おどり開催の地、郡上市白鳥町だ。その祭り仲間はかつて熱心な郡上おどりフリークだったそうだが、評判を聞きつけて足を運んだ白鳥にすっかり魅了されてしまい、近年では毎年白鳥に通い続けているという。全国的にも有名な郡上おどりに対し、白鳥おどりは——近年注目を集め始めているとはいえ——まだまだマイナーな存在だ。なにがどう凄いのか、祭りフリークとしては体験しないわけにはいかない。

車で三〇分の距離とはいえ、郡上八幡と白鳥は町の成り立ちそのものがまったく違う。郡上八幡は商人や旅芸人も行き交う比較的裕福な城下町。一方、白鳥は加賀〜越前〜美濃にまたがって広がる白山《はくさん》を霊山として信仰する白山信仰の地である。白山への道が開かれたのは養老元年（七一七年）のこととされるが、平安時代中期、修験道が盛んになると、〈上り千人、下り千人〉と呼ばれるほど多くの修験者（山伏）が行き来したと言われる。

白山に登るためには三つの馬場《ばんば》（白山に登る前に身を清め、修行を行う場所）があった。加賀の白山寺白山中宮《はくさんじはくさんちゅうぐう》、越前の霊応山平泉寺《れいおうざんへいせんじ》、そして美濃側の馬場は白鳥の白山中宮長滝寺《ながたきでら》。つまり、白鳥は霊山・白山への入り口でもあったわけだ。

その入り口にあたる長滝白山神社にも参拝させていただいた。明治の神仏分離によって長滝白山神社と長滝寺に分離された長滝白山神社だが、現在も同じ境内にこの神社と寺は並び立っており、霊山信仰の入り口らしい厳《おごそ》かな雰囲気をたたえた場所である。異界への入り口がここにぽっかり開いている——畏れにも似た、そんな直感が立ち上がる。

この境内のみならず、白鳥は町全体に白山信仰の記憶と霊山の気配を残している。城下町の風情を残す郡上八幡とは町のムードそのものが違うのだ。車から降り立った瞬間、白山連峰の奥深くから吹き込んできたかのような冷たい空気が身を包み込んだ。

そんな白鳥の中心部（といっても実にこじんまりとしたものだが）で行われる白鳥おどりは、江戸中期まで白山中宮長滝寺の境内で行われていた盆踊りをルーツとする。江戸中期から昭和初期までは神社の拝殿《はいでん》のなかで踊られる〈拝殿踊り〉として形を変えて続けられていたが、郷土芸能と伝統文化の復興の機運が全国的に高まった戦後、拝殿踊りの演目のなかでも代表的なものが選出され、〈白鳥おどり〉と銘打ってふたたび屋外で開催されることになった。

現在は全部で八つの歌が継承されている。〝猫の子〟が郡上おどりの演目と被《かぶ》っているものの、

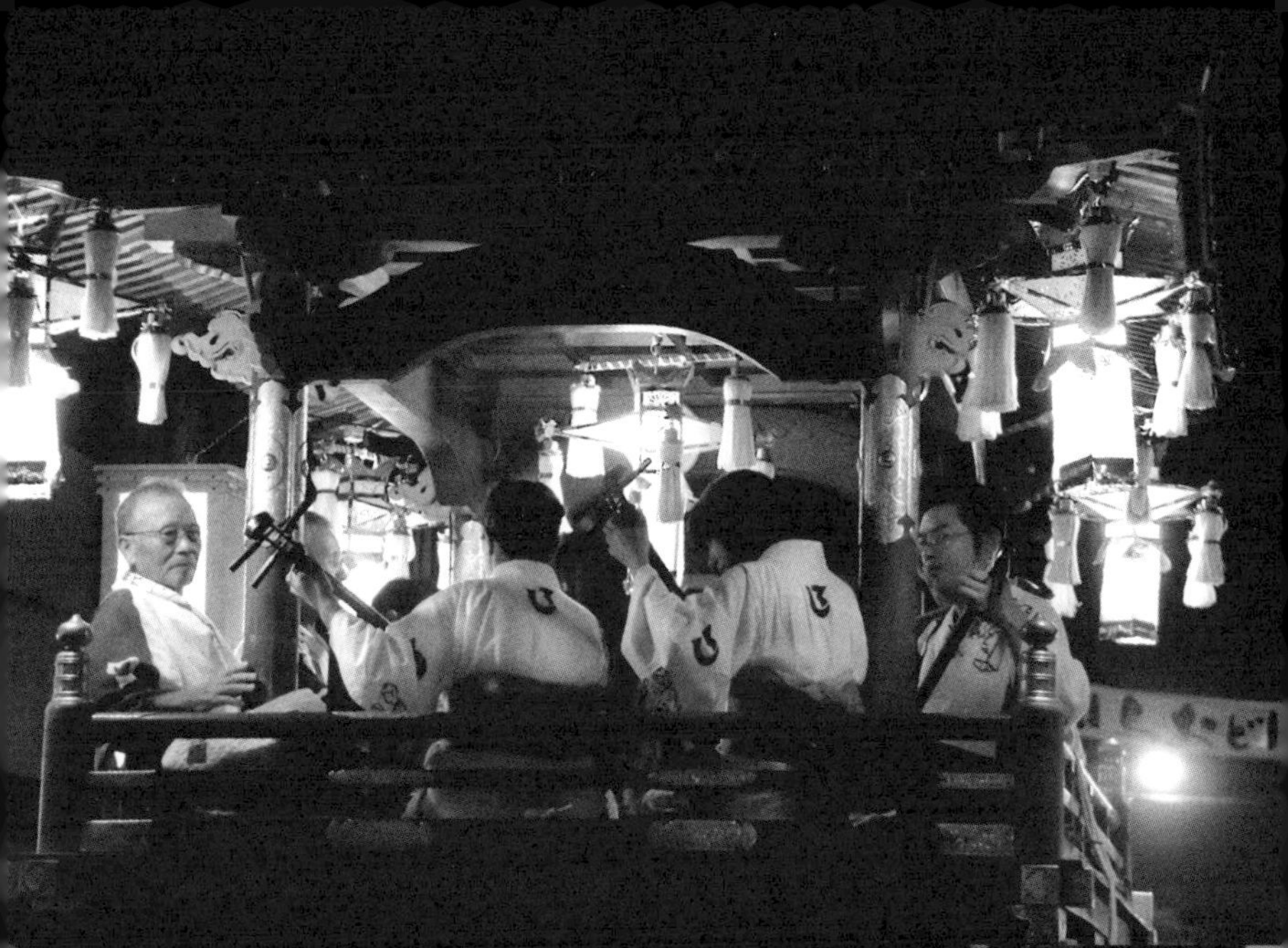

それ以外の七曲は白鳥独自のものだ。

郡上おどりに比べ、白鳥おどりのステップ・囃子はかなり速く、なおかつミニマルなループ感が強い。郡上おどりがＢＰＭ１２０の歌ものハウスだとすれば、白鳥おどりはＢＰＭ１３０のミニマル・テクノといったところだろうか。踊りの輪の大きさは郡上おどりの圧勝だが、白鳥のほうは若者が多く、地元の高校生の姿も。

踊りの輪の外から囃子の演奏をビデオで撮影していたら、泥酔状態の老婆に腕を摑《つか》まれ、なぜか祭りの運営メンバーひとりひとりに紹介されることになった。この人、わざわざ東京から来たのよ。面倒見てあげて！　ローカルな祭りならではの（少々過剰な）ホスピタリティーについ嬉しくなってしまう。

早朝四時のクライマックス

白鳥おどりの踊り種目は、いずれも内へ内へと潜り込んでいくようなディープなフィーリングを持つ。開放的でダイナミックな郡上おどりとは対照的だ。呪術的とも思えるドロドロした歌があまりにも続くものだから、僕は踊りの輪に加わることすらできずにメロディーとリズムをひたすら浴び続けていた。

なかでも家屋を建てる際の祝い歌を原型とする〝老坂《おいさか》〟、かつては〝ドッコイサ〟という曲名で歌われていた古い田植え歌〝神代《じんだい》〟には戦慄した。

〝老坂〟では〈アラ、ヨイサカサッサイ〉、〝神代〟では〈ドッコイサーノ、ドッコイサ〉という囃子言葉が早いペースで繰り返されるのだが、ほとんど呪文のよう。踊り屋形のなかでは、戻ってくる霊のための目印（依代《よりしろ》）である大きな切子灯籠《きりこどうろう》が怪しい光を放っている。僕は中東か北アフリカの秘祭に紛れ込んでしまったような錯覚に陥っていた。

また、僕には白鳥おどりが知識や理性では把握できないものを多分に含んでいるように思えてならなかった。確かに踊り種目の源流を辿ることは（ある程度）可能だ。昭和三〇年以降、全国的に流行したお座敷歌〝さのさ〟も演奏されるぐらいで、なんでもかんでも白山信仰と結びつけるのはあまりにも強引な話であることは分かっている。

だが、一曲一曲から放たれるドロドロとしたムードはなんなのか。神懸《かみが》かりへと聞き手を導くようなこの反復フレーズはなんのためのものなのか。そこには白鳥の風土と歴史が何らかの影響を与えているような気がしてならないのだ。

クライマックスは朝四時過ぎに訪れた。この日は白鳥の徹夜おどり最終日。その最後を締めくくる曲ということは、祭りの終わりも意味している。イントロが流れ出した瞬間、絶叫のような歓声が響く。それは郡上八幡で〝春駒〟がかかった瞬間に鳴り響いたものより切実で、祭りの終演を知らされた人々による嘆きのようにも、ラスト・ダンスに向けて気合いを入れるためのかけ声のようにも聴こえた。〝世栄《よさかえ》〟――一〇分強続く、白鳥おどりのラスト・チューンが始まった。

〝世栄〟は白鳥おどりの踊り種目のなかでももっともシンプルな歌だ。〈一拍子〉と呼びたくなる前ノリのビートと、それに合った素朴な振り付けが付く。そして——恐ろしいことに——骨と皮だけで構成される究極的にシンプルでミニマルなこの曲は、一〇分強演奏されるなかで少しずつテンポが速まっていくのである。

当然、踊りの輪が進むスピードも少しずつ速くなっていくわけで、二、三分もすると、輪から飛び出した若者たちがあちらこちらで小さな踊りの輪を独自に作り出し、まるでモッシュピットのような勢いでステップを踏んでいる。七分を過ぎると、メインの踊りの輪はほとんど小走りのよう。年配の踊り手の姿も多いが、なにせ朝四時すぎ。ほとんど修行僧のような形相だ。

そして、一〇分すぎ。踊り屋形のなかの太鼓奏者はまるで痙攣《けいれん》しているようなスピードでビートを刻み、歌い手は血管を破らんばかりの勢いで声を張り上げ、踊り手たちの輪はモッシュピットそのものになってしまった。そしてエンディング——巻き起こった歓声は、すぐさま〈アンコール！　アンコール！〉という声にかき消される。その後演奏されたゆったりとした楽曲が何なのか、僕には分からない。なぜならあまりの衝撃に茫然自失《ぼうぜんじしつ》、関係者に質問するのも忘れて道ばたでへたり込んでしまったからだ。

常世の住人たちがゲタを踏み鳴らして刻むステップ

〈トンでもないものを見てしまった〉——早朝の白鳥で体験してしまった衝撃の余韻は、翌日の昼になってもまったく抜けなかった。

日中、駅前の小さな楽器店にお邪魔した。店主と思われる初老の女性は〈郡上（八幡）の踊りは優雅でしょ。でも、白鳥は走ってるだけ。変わってるでしょ？〉と言って笑った。私たちの祭りは郡上八幡とは違う。その言葉は彼女のプライドを示したもののようにも思えた。

その日の夕方、白鳥の中心部から車で一〇分ほど離れたところにある前谷《まえたに》という集落を訪れた。先述したように、江戸中期から昭和初期までの白鳥おどりは神社の拝殿のなかで踊られていたが、実はその拝殿おどりは一九九五年からいくつかの神社でふたたび踊られるようになっている。それが国選択無形民俗文化財に指定されている〈白鳥の拝殿踊り〉だ。

白鳥おどりの原型であるこの拝殿踊りは実にプリミティヴなもので、楽器類の演奏は一切なし。巨大な切子灯籠の薄明かりのもと、拝殿の床をゲタで踏み鳴らす音と音頭取りが先導する歌だけで全一〇曲が踊られる。白鳥おどりと共通する演目も多いが、〝郡上白鳥〟という場所踊り歌は白山信仰の影響を匂わせる古い歌。修験者たちが伝えた念仏踊りや歌念仏と、白山を褒め称えるショウガ（唱歌）が融合したものとされており、拝殿踊りの原風景を現代に伝えてくれる。

ところで、白鳥という地には、忘れてはいけない記憶として現在も語り継がれている事件がある。それが宝暦年間（一七五一～一七六三年）に起きた郡上一揆（宝暦金森騒動）だ。郡上藩の役人を

死罪・島流しに追い込み、郡上藩主・金森頼錦《かなもりよりかね》を改易《かいえき》（金森家の取り潰し）にまで追いやったこの一揆で中心的役割を担ったのが白鳥の農民たちだった。

発端となったのは、年貢の徴収方法を改めたことによる年貢の引き上げ。もともと白鳥は山間部の村のため耕作地が限られており、それまでも苦しい生活を強いられてきた白鳥の農民たちにとって、年貢引き上げはあまりに過酷な宣告だった。そのため、嘆願状を郡上藩に提出しても受け入れられなかった農民たちは、紆余曲折《うよきよくせつ》を経て幕府への駕籠訴《かごそ》を決行する。

駕籠訴とは駕籠で移動途中の幕府の重役に嘆願状を手渡すことで、その内容に関わらず、駕籠訴を決行するということはすぐさま死罪獄門を意味した。一揆収束後、刑を下されたのは農民百人あまり。前谷村の定次郎をはじめ獄門や死罪で命を落とした者もいたほか、過酷な尋問によって牢死した農民も少なくなかった。

この日、白鳥の拝殿踊りが行われたのは、定次郎が眠る地に建つ前谷白山神社の拝殿だった。境内には定次郎の顕彰碑が立ち、神社の裏手には定次郎親子の墓もあるという。しかも白鳥には現在も駕籠訴の際の訴状と、一揆に参加した農民ひとりひとりの名前と印鑑が記された傘連判状《からかされんぱんじよう》が残っているのだ。山深い白鳥前谷の人々にとって、郡上一揆の記憶はいまだ生々しい記憶であるように思えた。

拝殿踊りは巨大な切子灯籠を中心に、音頭取り・踊り手が輪になって踊られる。境内に掲げられた傘連判状の写しを見て、僕は拝殿踊りの踊りの輪と傘連判状が同じ円環状であることに気づいた。切子灯籠の下で踊っているのは必ずしも現世の人々だけじゃない。僕は決して霊感が強いほうではないが、ここには確かに定次郎をはじめとする義民たちがいる。自分とそう年齢が変わらない常世の住人たちがゲタを踏み鳴らしてステップを踏んでいる。僕にはそう思えてならなかった。

ある地域で受け継がれてきた歌とリズムは、かつてその地に存在していた人々の営みや感情を記憶する、一種のメモリーカードのような機能も持っている。そうであるならば、そこには血や涙が流れた跡も当然残っているだろう。鮮血の生臭い匂い、屍《しかばね》の腐臭が記憶されていることだってあるだろう。拝殿踊りと、そこから派生した白鳥おどりにはそうした死の記憶が刻み込まれている――そう断言するのはいささか乱暴すぎるかもしれない。だがしかし、拝殿に掲げられた切子灯籠の下には、常世と現世を少しだけかき混ぜた空間が確実に広がっていた。静かな前谷の集落に、ゲタを踏み鳴らす音と人々の歌声だけが鳴り響く。

「朝までクラブで踊ることが日常になっている僕にとって、〈徹夜おどり〉という言葉はなんとも甘美な響きを持つ」という予感のようなものから始まったこの旅は、その土地の記憶に深く潜り込むことで幕を閉じた。白鳥のダンス・フロアとクラブのそれは、まったく別のものだった。僕はそうやって〈とりあえず〉の結論をつけ、東京へと車を走らせた。

[参考文献]

●『郡上おどり』(郡上おどり保存会)
●『郷土誌　わが町白鳥』(白鳥町)
●CD『岐阜・奥美濃　白鳥おどり』(財団法人日本伝統文化振興財団)
●CD『國選択無形民俗文化財　白鳥の拝殿踊り』(白鳥拝殿踊り保存会)
●『白鳥の拝殿踊り』(白鳥拝殿踊り保存会)

コラム3

更新され続ける〈伝統〉

――〝東京音頭〟以降の新作音頭が鳴り響く現代の盆踊り

〈盆踊り〉と言っても、想起されるイメージは出身地によってずいぶん違うはずだ。ここまでに取り上げたもので言えば、関西出身の方であれば河内音頭や江州音頭を思い浮かべるだろうし、中部地方の方であれば郡上おどりを連想するのではないだろうか。また、〝東京音頭〟や〝オバQ音頭〟がかかる都心の盆踊りをイメージする方もいることだろう。それだけ地方によってスタイルが異なるわけだが、もともと死者を供養するための宗教儀式を原点とすることはすべての盆踊りに共通している。

お盆の習慣は釈迦の内弟子、木蓮尊者《もくれんそんじゃ》にまつわるとある伝説に基づいている。木蓮が餓鬼地獄に落ちた自分の母親を救うべく、釈迦から伝授された亡者救済の秘法を施したというもので、それが行われたとされるのが旧暦の七月一五日。そして、その秘法〈ウランバナ〉を中国語に音訳した盂蘭盆会《うらぼんえ》が後に祖先を供養する行事となり、七世紀ごろ大陸から日本列島へと持ち込まれた――ものすごくざっくりと説明してしまうと、そんなところになる。

盆踊りとはそのお盆に行われる行事であるわけだが、櫓を囲んで踊りまわる現在の形式となるまでにはありとあらゆる芸能や思想が影響を与えており、決して単純ではない。二つだけ重要な要素を挙げておくと、ひとつは鎌倉時代の僧侶である一遍上人が始めたとされる踊り念仏。これは念仏を唱えながら踊ることによって法悦に到達できるというもので、ここで日本人は宗教的エクスタシーに到達する〈方法論〉を発見したとも言える。なお、この踊り念仏は仏教芸能のみならず、日本の芸能の源のひとつでもあるので、研究もかなり進んでいる。ご興味ある方は五来重の『踊り念仏』(平凡社)や竹内勉の『民謡地図9 盆踊り唄：踊り念仏から阿波踊りまで』(本阿弥書店)などをお読みいただきたい。

また、踊り念仏を庶民のエンターテインメントまで高めたものとして、〈風流〉と呼ばれる中世特有の美学も重要だ。〈ふうりゅう〉と読めば、現代も伝統的な日本の美しさや古風な味わいに対して使われるが、ここでは〈ふりゅう〉と読み、観るものを驚かすようなドギツイ美学やセン

スのことを指す。ギラギラに飾り付けられた山車《だし》や鮮やかな装束に身を包んだ風流踊りのことを思い浮かべれば、〈ふりゅう〉のニュアンスが理解できるだろう。その美学によって踊り念仏は宗教儀式から庶民のエンターテインメントへと形を変え、そして盆踊りの原型となっていったわけである。

戦後の日本では新しい形式の盆踊りが各地で行われるようになった。祖霊供養のための宗教儀式という側面をまったく持たず、あくまでも地域のレクリエーションとして行われる夏祭り的盆踊りである。

その背景には、戦後の社会構造の変化によって寺社を中心とする共同体が各地で崩壊したことが挙げられる。また、昭和三〇年代以降になって巨大団地や郊外の新興住宅街やニュータウンの開発が進むと、伝統的な行事を持たない住人たちは地域住民のレクリエーションとして夏祭りを行うようになった。そこでは住民間の親睦を深めることのほか、地域の経済振興も目的のひとつとしていた。そして、そこで行われた〈新しい夏祭り〉とは従来の盆踊りのイメージを借用しながらも、宗教性や伝統に囚われることのない新しい祝祭空間を表現したものでもあった。

たとえば、〈新しい夏祭り〉でかかる楽曲とは、極論を

いえば地域住民の間でポピュラーなものであれば何でもよかった。そもそも団地やニュータウンに住むのは出身地も背景も違う人々。故郷から遠く離れ、伝統的な風習から切り離された彼らにとっては、テレビなどのメディアに乗るものが共通言語となった。

そのため〈新しい夏祭り〉で必要とされたのは長年受け継がれてきた伝統的な盆踊り歌ではなく（そもそも彼らはそういった歌を持たない）、アニソンやアイドル、有名タレントによる盆踊り調の歌謡曲だったのである。第二次ベビー・ブームの子供たちが盆踊りの主役となり、伝統的な共同体の記憶がさらに薄れていった昭和五〇年代以降になると、盆踊りといえば〝オバQ音頭〟〝ドラえもん音頭〟といったイメージが一般的なものとなる。

もちろん伝統的生活が辛うじて残っている地域は別としても、多くの都市部および郊外地域においては、地域住民のレクリエーションとしての盆踊りが宗教儀式としての盆踊りの記憶を一掃してしまったわけだ（このあたりについては拙著『ニッポン大音頭時代「東京音頭」から始まる流行音楽のかたち』をご参照いただきたい）。

そうした新しい盆踊りのルーツは昭和七年に東京・丸の内で行われた盆踊り大会まで遡ることができる。主催したのは丸の内の旦那衆。彼らは地元経済を盛り立てるため、巨大な盆踊り大会を企画し、百貨店の走りとも言われる白木屋にタイアップを持ちかける。オリジナルの浴衣を同店で販売すると同時に、当時大作曲家の地位を確かなものとしていた中山晋平に作曲を、作詞家の西條八十《やそ》に作詞を依頼し、〝丸の内音頭〟（A面の歌は藤本二三吉、B面は三島一声）というオリジナルの新作音頭を制作。昭和七年、レコードのリリースにこぎ着ける。そうしたメディアミックス的手法も功を奏し、同年夏の丸の内盆踊り大会は大成功を収めた。

その翌年には〝丸の内音頭〟の替え歌となるとあるレコードが発売され、全国的なヒットを記録した。これがみなさんご存知の〝東京音頭〟（歌は小唄勝太郎と三島一声）。レコードやラジオ、映画（〝東京音頭〟はなんと映画化もされた）といったメディアを駆使するだけでなく、盆踊り会場という踊りの場までも新たに作り出し、丸の内／東京というひとつの〈地方〉をプロモーションすることに成功した〝丸の内音頭／東京音頭〟の手法は、すぐさま各地で用いられるようになる。こうして盆踊りというフォーマットは各地域の経済振興／住民のレクリエーションのために使われるようになっていくのである。

ただし、ここで強調しておきたいのは、現在行われている〈伝統〉行事にしても、近年になって形式を整えられたものが案外多いということだ。富山県で行われている〈おわら風の盆〉は元禄一五年（一七〇二年）から行われていた祭礼行事をルーツとするが、昭和四年、東京の三越百貨店で開催された富山物産展示即売会の際に踊られたアトラクションが現在の〈おわら風の盆〉の原型となっているという。八幡和郎・西村正裕著『「日本の祭り」はここを見る』によると、それまでの〈おわら〉は芸者が踊るものとされていたそうだが、昭和四年の即売会以降、町の娘も踊るようになったらしい。

秋田の西馬音内盆踊りにしても昭和一〇年に行われた〈第九回全国郷土舞踏民謡大会〉に出場する際に定型の踊りが確立されたわけで、現在行われている祭りや伝統行事の多くがそうした〈伝統の演出／創造〉というプロセスを多かれ少なかれ経ているとも言える。

もちろん、だからといって僕はそれらの行事に対してケチをつけるつもりは一切ない。そうしたプロセスは伝統の捏造《ねつぞう》などではなく、創造であり更新である。そうした更新のプロセス抜きにしては、あらゆる〈伝統〉も決して継承されることなく時代と共に忘れ去られてきたことだろう。

さらにいえば、丸の内盆踊り大会以降の新しい盆踊りにしても、僕らの先輩たちは伝統も何もないところに祝祭空間を創造したわけで、新しい文化を創造しようとしたその功績は何度でも讃えられるべきだ。しかも、その〈新しい伝統〉はそうした先輩方が遥か昔に鬼籍に入った現在も継承されている。盆踊りによってはオリジナルの小唄勝太郎・三島一声ヴァージョンの〝東京音頭〟をいまだに流しているところもあるが、そうなると、その土地の人々は実に八〇年以上も同じヴァージョンの〝東京音頭〟で踊り続けている計算となる。世界的に見ても、（民族音楽はともかく）八〇年以上も現役であり続けている大衆音楽の楽曲は決して多くない。考えてみると、これは凄いことだ。

何はともあれ、〝炭坑節〟や〝東京音頭〟がかかる地元の盆踊りの輪に一度飛び込んでみていただきたい。そこにもまた、本書で取り上げているような〈伝統的〉な盆踊りや祭りと同様の普遍的なエネルギーが渦巻いているはずだから。

［参考文献］
●下川耿史『盆踊り 乱交の民俗学』（作品社）
●大石始『ニッポン大音頭時代 「東京音頭」から始まる流行音楽のかたち』（河出書房新社）
●八幡和郎・西村正裕『「日本の祭り」はここを見る』（祥伝社新書）

④ リズムに熱狂する〈ねぶたの国〉の短い夏

青森・大川平の荒馬踊りと五所川原立佞武多

（2010年8月26日）

大川平の荒馬踊りは青森県東津軽郡今別町で行われている伝統行事。毎年8月初旬の3日間、大川平地区で開催。また、大川平地区以外にも今別町のいくつかの地域で荒馬踊りは行われている（問い合わせは今別町観光協会まで）。一方、五所川原立佞武多は毎年8月4日から8日まで開催（夜7時から9時まで）。詳細は五所川原観光協会へ。

青森には〈立つねぶた〉がある？

ある日、とある祭りフリークの友人が「青森には〈立つねぶた〉があるんですよ」と言う。ねぶたというと、道路一杯に広がった山車燈籠を真っ先に思い出す。闇夜のなかで目映《まばゆ》いばかりに光り輝きながら、街のなかをゆっくりと移動していく燈籠は誰もが知るところだろうし、青森県内でもさまざまなスタイルのねぶたが継承されていることは僕も実際に青森に足を運ぶ以前から知っていた。

だが、なかには〈立つねぶた〉があるというのである。友人によると、高さは二〇メートル以上、しかも巨大な山車を運行するために、ルート上の電線を地下に埋めてしまったというのだから大変な気合いの入れようだ。

そのねぶたの名は五所川原《ごしょがわら》立佞武多。

五所川原は津軽半島中南部に位置する市で、〈立佞武多〉と書いて〈たちねぷた〉と読む。ねぶたはどうやって立っているのか。その足元ではどんなリズムが鳴り響いているのか。ともかく、まずはその勇姿をこの目で目撃しなくてはいけないだろう。

二〇一三年の夏、僕は津軽の地を目指すことになった。

青森のねぶたには地域によってさまざまなヴァリエーションがある。名称ひとつとっても青森は〈ねぶた〉、弘前は〈ねぷた〉、五所川原は〈立佞武多〉とさまざまで、囃子言葉や囃子のリズム・パターンも違う。福島県では広い地域に〈じゃんがら〉と呼ばれる念仏踊りが継承されており、それを福島の郷土史家、夏井芳徳さんは〈じゃんがらの国〉と呼んでいたが、それに倣《なら》って表現するならば、津軽地方を中心とする青森の広い地域には〈ねぶたの国〉が広がっている。加えて、津軽地方ではさまざまな芸能や祭祀、伝統行事、民謡が継承されており、祭りフリークにとって津軽はたまらない土地なのである。

そんな〈ねぶたの国〉に初めて足を踏み入れるにあたって、この地で長年調査を続けている友人の力を借りることになった。彼の名は西嶋一泰さん。民俗芸能の研究者である西嶋さんは、民俗芸能や和太鼓の情報を発するプロジェクト、民俗芸能ＳＴＲＥＡＭの代表を務める一方、日本の祭り応援マガジン『MATSURIsta!』の編集長も務める。いわば民俗芸能〜祭りのエキスパートである。

西嶋さんの力を借りたのには理由があった。西嶋さんは各地で撮影してきた貴重な映像をYouTubeにアップしているのだが、そのなかでも僕の心をもっとも打ったのが、津軽半島の先端に位置する今別町《いまべつ》大川平《おおかわだいら》で続けられている荒馬《あらま》踊りだった。

これは荒馬役の男性、口取《くちと》りと呼ばれる女性のペアで踊られ、囃子方、ねぶたと共に集落のなかを運行するというもの。西嶋さんの映像に写っていたのは、静かな農村を飛び跳ねながら練り歩く男女の姿で、それは大規模な青森各地のねぶたとは大きく異なり、素朴な農村の民俗芸能らし慎ましい魅力があった。

また、後述するようにこの荒馬踊りは青森各地で行われているねぶたとは異なるルーツを持つが、囃子に関しては青森市内のねぶたからの影響を残しており、現代のねぶたの源流のひとつとも言えるものだ。YouTubeにアップされた映像を観ながら、そこからねぶたの原風景が浮かび上がってくるような気がしてきたのである。

そんなわけで、ねぶたの原風景に触れるべく、僕らはまず西嶋さんの案内によって今別町大川平に向かうことになった。

品と風格のある荒馬踊りの囃子

青森駅に到着したのは二〇一三年八月七日の朝。まずは駅前のロータリーで西嶋さんと落ち合う。この夏も車で東北中を回っていたため、お顔は日焼けで真っ黒だ。大川平に向かう車中でさっそく西嶋さんへのインタヴューを開始した。

「もともと荒馬踊りはねぶたと関係なくて、虫送りがルーツなんです。虫の害がひどかったので、そのための祈禱《きとう》をしようと。田植え終わりの時期って農民にとっては一年のうちで休める貴重な機会だったんですね。しかも弘前藩の政策として虫送りをすることになったので、虫送りの行事だったら何をやってもいいということになった（笑）。そこで虫送りということにして、太鼓を鳴らして集落を回ったわけです。まあ、太鼓の音で虫を追い払うという意味合いもあったんですけど、そのなかにいろんな芸能が入ってきたんですね」

車は内真部《うちまんべ》〜蓬田《よもぎた》バイパスをひたすら北上する。周囲に広がるのどかな田園風景の横には、二〇一五年末の開業を目標に建設が進む北海道新幹線の線路が伸びていて［二〇一六年三月開業］、水田の鮮やかな緑と不自然なコントラストを描いている。バイパスが今別まで伸びたのは一九九三年のこと。現在では青森市内から一時間ほどで今別まで行くことが可能になったが、それまではその何倍もの時間がかかったという。西嶋さんによると、車社会になる以前は青森市内との陸路は開発されておらず、津軽半島の先端部はもっぱら海路で他の地域と繋がっていたらしい。

また、かつて津軽半島先端部には多くの荒馬踊りが継承されていたというが、現在は今別町中心部や大川平などごくわずかな地域に残るだけ。もともと過疎化が進んでいたところ、青森市内へのアクセスが容易になったことで、働き口を市内に求めて地元を離れる若者が増加。祭りの担い手である若者が減ってしまえば、当然祭りを続けることもできない。後述するが、大川平には一〇年以上前から県外から多くの学生がやってきたことで祭りが活性化し、学生なくしては祭りが成り立たなくなっているという。

青森市内から一時間、大川平の集落へと続く小さな道へと入る。集落の中心は使い込んだ集会所で、ここが祭りのベースキャンプとなる。西嶋さんに案内されて中に入ると、婦人会の方々が忙しく宴会の準備をしていた。「あら、東京から来たの？　暑いなかご苦労さま」――どこからともなくそんな声がかかる。荷物を置き、西嶋さんに導かれて運行の進む方向へと急ぐ。通りには人っ子ひとりいないが、近づくほどに囃子の音がはっきり聞こえてくる。

小さな角を曲がった瞬間、目の前に広がる光景に僕は息を呑んだ。先頭は太刀《たち》振りの男女。そこに続くのは荒馬役の男性と口取りの女性のペアで、一〇組以上はいるだろうか。しかも全員一〇代後半から二〇代前半の若者。彼らの背後では手押し車に乗った三台の太鼓が凄まじい低音を鳴り響かせており、手平鉦《てびらがね》と篠笛がそこに彩りを加えている。最後尾は勇壮なねぶた。それらが警備や世話役を務める地元の人々と共に、ゆっくりと集落のなかを進んでいる。

突然現れた色彩とリズムの乱舞。観光客はゼロ、ときたま通りに出ている老婆を見かけるぐらいで、静かな田園風景に突然祭り集団が出現したその様はまるで現実のものとは思えなかった。荒馬役の男性と口取り役の女性は飛び跳ねながら、〈ラッセーラー！〉と声を上げる。ねぶたは各地域で囃子言葉が異なるが、〈ラッセーラー〉は青森のねぶたのものだ。西嶋さんはこう説明する。

「大川平の荒馬と青森のねぶたは時期がかぶっているので、〈青森のねぶたを何十年も観てない〉

大平

という大川平の方も多かった。でも、バイパスが整備されて、車で簡単に行き来できるようになってから青森のねぶたを観に行ける人も出てきたんですね。それで大川平でも〈ラッセーラー〉というかけ声をやるようになったんです」

そう思って聴いてみると、太鼓のリズム・パターンも青森のねぶたに近い。巨大な太鼓は締太鼓だそうで、通常の木製の太鼓バチではなく細く長い竹製のバチで強く叩く。アタックが異常に強く、近距離で聴くと耳がキーンと鳴るほどだ。その横で金属音を響かせる手平鉦は九〇年代以降になって大川平に入ってきたものだという。そうやって考えてみると、大川平の荒馬踊りの囃子は九〇年代以降になってから現在のスタイルが確立されたわけだ。

馬の頭部を模した仕掛けを腰につけた荒馬役の男性陣は力強く、猛々しく跳ねる。手綱《たづな》を持ってその横でリズミカルに舞う口取りの女性陣は可憐な動きを見せるが、そのなかにも津軽の逞しさがしっかりと息づいている。荒馬踊りは東北を代表する民俗芸能として全国的に知られており、僕も何度か舞台で観たことがあるが、至近距離で見る男女の鮮やかなコンビネーションには惚れ惚れさせられる。

踊りをブーストさせる〈転ばし〉

先述したように、踊っている男女はほぼ一〇～二〇代で、地元出身の若者もいるが、ほとんどが県外の学生だ。構成メンバーは京都・立命館大学の和太鼓団体＝和太鼓ドン、大分・立命館アジア太平洋大学の民俗芸能サークル＝荒馬〈緒〉、名古屋大学の民族舞踊サークル＝音舞など。この日は参加していなかったようだが、京都のパフォーマンス集団、BATI－HOLICのメンバーも毎年大川平までやってくるという。

そんななかで、若者に混じって荒馬を跳ねる年配男性がいた。口取りを睨《にら》みつけるかのような険しい表情でステップを踏むその男性の動きには、他の若者たちにはないストイックな趣きがある。軽やかな足さばきもとても年配の人のそれとは思えない。彼の名前は平山久志さん。若者たちに荒馬の指導もする、大川平の重鎮だ。

「一八歳のときから踊ってるの。だから、四〇～五〇年は踊ってる。前は青年団も厳しくてさ、ある年齢にならないと馬を付けられないのよ。門付《かどつけ》みたいにして一軒一軒の前で踊るのさ。だから、失敗は許されない。ヘタなことすると怒られちゃう（笑）。五〇年前は青年団だけで踊ってた。青年団の事業なのさ。結婚すれば青年団を引退しないといけないのさ。だから、結婚前の連中が参加するわけ。みんな元気だよ、（酒を）飲めるし。年寄りなんて〈邪魔だ、どっかいけ！〉なんて言われてた（笑）」

興味深かったのは、平山さんのこの発言。

「ウチらの村の太鼓はちょっとヒネってるところがあるのさ。〈転ばす〉ところが一ヵ所ある。それは他の村にはないのさ。馬が入るときにその転ばしが入るんだけど、転ばしのタイミングで足が上がるのさ。準備の段階で太鼓をきちんと聴いておいて、転ばしのタイミングでボンと飛ぶ。だから、そこを逃さないようにちゃんと聴いていないといけないし、のっぺらぼうに叩かれても踊れない。全部力強く叩けばいいというわけでもないのさ」

話が前後してしまうが、秩父の屋台囃子を取り上げる五章では、屋台囃子には独特の〈訛《なま》り〉があるというエピソードを書いた。〈訛り〉があるからこそ、巨大な屋台の引き手は力を入れることができる。タメの部分でグッと力を入れることができる。秩父屋台囃子に引き寄せて考えるならば、荒馬踊りの〈転ばし〉も踊りをブーストさせるための〈訛り〉であり、〈タメ〉である。そして、その〈訛り〉は集落によっても異なるわけで、いくら集落同士の行き来が容易になっても、地域に根付いたリズムがそう簡単に平均化されることはないのだ。なんて逞しいのだろう！

祭りの後は集会所で盛大な宴会。「われわれは腹筋に力を入れて、奥歯を噛み締めて、突っ込んでいくような表情でやらないと駄目なのさ。ニヤニヤしてできるものじゃない」という平山さんの言葉に学生たちも耳を傾ける。地元の食と酒をたっぷりいただいてから、僕は数時間に一本の電車に乗るために集会所を出た。地元の人々が次々に「来年も来るんだよ」という声をかけてきて、思わず胸が熱くなった。

青森へ向かう電車は、たった一両の小さな小さな車両だ。ひと駅ごとに浴衣姿の女の子たちが乗り込んできて、平山さんの「荒馬は暑いもんで、高校生なんかもやりたがらない。彼女を連れて市内のねぶたに行ってしまうのさ」という言葉が思い出される。

完全復活を遂げた五所川原の巨大ねぷた

青森県内で継承されているねぶたとは、基本的に町の経済振興を主な目的とする都市の祭礼という側面を持っている。だが、集落の住民以外の観客が数えるほどしかいない大川平の荒馬踊りは、たしかに各地のねぶたのかつての姿を想像させてくれるものだった。ひょっとしたらかつてのねぶたも大川平の荒馬踊りのように、農村でひっそりと行われていたのかもしれない——そんな妄想を膨らませてくれるだけの幻想的な風景がそこにはあった。

そんなねぶたのルーツにはいくつもの説がある。ひとつは道教由来の中元の行事が祖霊を供養する盂蘭盆会《うらぼんえ》と一体となった灯籠流し。もうひとつは、睡魔や穢《けが》れを小舟に乗せて川や海に流す〈眠り流し〉という行事だ。睡魔をひとつの魔物と見なしていたことから行われていたもので、その〈ねむり〉という言葉が次第に〈ねぶた〉になったという説もある。

また、五所川原市のねぶた資料館〈立佞武多の館〉には、延暦一四（七九五）年の陸奥征討の際、坂上田村麻呂《さかのうえのたむらまろ》が山中に立てこもった蝦夷《えみし》をおびき出すため、大きな灯籠人形に明かりを灯した上に笛や太鼓ではやし立て、賊が訝《いぶか》って山から出てきたところに奇襲をかけたことを起源とするという説も紹介されていた。

僕が大川平から青森市内へと戻った八月七日は、青森ねぶたの最終日でもあった。この日のクライマックスは船に乗ったねぶたが青森港を行き交う海上運行。この海上運行は〈眠り流し〉という源流を思い起こさせてくれるものだ。

しかしながら、海上運行は期待していた類いのものではなかった。並行して大規模な花火大会が開かれるため、青森港周辺は大混雑。その喧噪のなか、海の彼方に巨大なねぶたと囃子を乗せた船がゆったりと進んでいく。やはり町中での運行を見なくては、青森ねぶたの神髄を感じることはできないのだろう。

翌日、僕は再度電車に揺られ、津軽半島の根っこに位置する五所川原市へと向かった。いよいよ〈立つねぶた〉との遭遇だ。

明治時代後期に撮影されたという立佞武多の写真が現存する。木造平屋の隙間にすっくと建つ立佞武多は、たしかに一〇メートルは優に超えるであろうサイズ。ビルも電線もない空に仁徳天皇をモチーフにした巨大な立佞武多が睨みを効かせている光景は、一種異様な迫力がある。

もともと五所川原は藩政時代に津軽半島の新田開発が進み、その経済・商業面を担ったことから発展を遂げた地だ。そのため、ねぷたも豪商や大地主の力の象徴として巨大化していった側面があるという。昭和初期までの五所川原は浅草的な賑わいをみせていたハイカラな町だったそうで、そうした五所川原人の美的センスが立佞武多に集約されていたのかもしれない。

そんな巨大立佞武多も昭和に入ってから、町中に電線が張り巡らされたことによって小型化を余儀なくされる。それが一九九三年に明治時代のねぷたの設計図が発見されたことから復元プロジェクトがスタート。市の支援のもと、道を横切る電線を地下に埋め込む大規模な工事が行われ、九八年夏には実に九〇年ぶりに立佞武多が完全復活を遂げた。


——夕方五時半、僕は巨大な立佞武多の保管・制作スペースである〈立佞武多の館〉の前でねぷたが出陣する瞬間を待っていた。五所川原中心部に降り立ってみると、まずは電線が大通りを横切っていないことに驚かされた。たったそれだけなのに、空が広く見えるということに気づかされる。

立佞武多の館の前面がゆっくり開き、明かりが灯った立佞武多が登場すると、早い時間から陣取っていた観客から大きな歓声が上がる。それにしても大きい。高さ二三メートル、重さ一九トン、総勢五〇名以上の曳き手を必要とする大型立佞武多ともなると、予想を遥かに越えるスケールだ。モチーフとなっている鹿嶋大明神が上空からこちらを睨みつけているようで、〈立っている〉

復興ノ祈願
鹿嶋大明神と
地震鯰
福士裕朗作
鵲橋
雲漢

というよりも〈天空から降りてきた〉ようだ。そんな巨大な立佞武多が一台、また一台と町中へと出陣していく光景は、ほとんどホワイトベースから発進するガンダムのよう。再度合流した西嶋さんも「合成映像みたいですね」と声を上げる。たしかに現実世界のものとは思えぬ大きさと色彩だ。

響き渡る囃子言葉〈ヤッテマーレ〉

夜七時、各エリアに配置された立佞武多が一斉に運行を始めると、それと同時に囃子方がリズムを刻みはじめる。街全体がブルブルと震えているかのような、リズムの渦のなかに町ごと放り込まれたような圧倒的な迫力だ。

五所川原のねぷた囃子も他のねぷたと楽器編成はさほど変わらない。大太鼓、小太鼓、篠笛、ジャガネと呼ばれる手振鉦、鉦を小槌で叩くガガシコ。ただしリズム・パターンは青森のものとは異なり、〈ドドンガドン〉という音頭のリズムにも似たもので、そこに〈ヤッテマーレ〉という独特の囃子言葉が乗る。この囃子言葉が使われるのは青森全域でも五所川原だけだ。

ちなみに弘前のリズムはよりテンポが遅く、アンサンブルにはホラ貝も加わる。そのため念仏踊り的なディープな響きがあり、伝統の深さを感じさせるものだ。弘前よりさらにスロウダウンした黒石ねぷた、昼間は祇園囃子が奏でられるという田名部《たなぶ》ねぷた（そこからは京都〜津軽間の文化

上：五所川原の町にねぷた囃子の強烈なリズムが響き渡る
下：闇夜に浮かび上がる五所川原の立佞武多

の伝播ルートを再認識させられる〉などなど、リズムのヴァラエティーも実に豊かだ。

踊り手のなかには高校生のグループも見受けられる。五所川原農林高等学校の生徒だそうで、この年で一二年連続の出演となるという。一方、警備員に注意されながら大騒ぎをしているヤンチャな集団の姿も。八〇年代半ば以降、青森市内などでは暴走族を含むカラス族と呼ばれる集団が無秩序に祭りに参加し、大きな問題となっていたが、近年は警察やボランティアの取り締まりによって減少。五所川原観光協会でも水着やサラシでの参加を禁じるチラシが配布されていた。

ともかく、祭りはそうやってあらゆる人々のハチャメチャなエネルギーをも飲み込みながら進んでいくのである。

祭りは夜八時あたりをピークに少しずつ終焉《しゅうえん》に向かい、九時には終了する。この八月八日は五所川原立佞武多の最終日。祭りが終わってしばらくすると秋の気配が到来し、やがて厳しい冬に青森全域が覆われる。ラスト三〇分の刹那《せつな》的な爆発は、やはり北国ならではの特別なもので、僕にはその爆発が、短い夏を永遠に引き延ばそうとしているようにも、すでに漂い始めている秋の気配を吹き飛ばそうとしているようにも思えた。北国の祭りの熱狂とはこういうものなのか――感慨にも近いそんな思いが沸き上がってくる。

僕らはこの日、五所川原駅前発の深夜バスで東京で帰ることになっていた。依然鳴り続ける囃子に後ろ髪を引かれながら、バスに飛び乗ると、車中からは夜空に煌煌《こうこう》と浮かび上がる立佞武多が見えた。〈ヤッテマーレヤッテマーレ!〉という囃子言葉と、あの特徴的な囃子のリズムが車内にいてもしっかり聞こえてくる。ゆっくりとバスが動きだすと、やがてその声は聞こえなくなった。

この年の五所川原立佞武多の人出は三〇万人以上。対して、大川平の荒馬踊りは踊り手のほうが多いぐらいだろう。だが、どちらも地元の人々にとっては毎年欠かすことのできない大切な祭りである。僕は深夜バスに揺られながら、大川平で平山さんが話してくれたこんな言葉を思い出していた。

「祭りを三日やると、一年の活力が出るのさ。今年もやるぞ！　という気持ちになる。歳を取ると身体がついていかないけど、祭りになれば元気になる。太鼓を聞くとじっとしていられないのさ（笑）」

［参考文献］

●『立佞武多』（五所川原市）

●『立佞武多２０１３公式ガイド』（立佞武多を広く知ってもらう会）

●『あおもり草子』二〇九号（企画集団ぷりずむ）

●『あおもり草子』二一七号（企画集団ぷりずむ）

●河合清子『ねぶた祭〝ねぶたバカ〟たちの祭典』（角川書店）

⑤ 霊山の麓を揺るがす屋台囃子のハートビート

埼玉・秩父夜祭

(2012年12月6日)

毎年12月1日から6日にかけて行われる埼玉県秩父市・秩父神社の例祭。京都の祇園祭、岐阜の飛騨高山祭と並んで〈日本三大曳山祭〉に数えられる。2日は前夜祭にあたる宵宮が、3日には大祭が行われ、色鮮やかな山車が秩父の夜を彩る。ピークは夜7時から10時ごろにかけて。秩父観光協会のホームページなどで詳細を確認できる。

血湧き肉踊る秩父屋台囃子のリズム

〈囃子〉と聞いて僕がまず思い出すのは、江戸囃子と、子供のころ住んでいた埼玉県川越市の川越祭りで耳にしていた囃子、その二種類だ。これらの囃子に親しんでいた僕にとって、同じく江戸囃子の影響下にあるとされる秩父屋台囃子のビートは衝撃的なものだった。

秩父屋台囃子の編成は、細かくリズムを刻む小太鼓が三人ないしは四人に、大太鼓、笛、鉦がひとりずつ。小太鼓が〈トコトコトコトコ〉と高速リズムをキープし、そこに大太鼓がフリースタイル的に絡んでいくのが基本スタイルだ。

初めて聴いたとき印象に残ったのは小太鼓の細かいリズムのほうで、簡単に拍を取れない（＝手拍子や踊りを簡単に合わせることができない）ビートに多少の気持ち悪さを感じたものだった。だが、しばらく聴いているとこれが不思議とクセになってくる。聴き続けているうちに〈拍〉の感覚が徐々に失われ、現在地点がどこか分からなくなってくるのだ。世界各国の民族音楽と言われるもののなかにはこうした複雑なグルーヴ感を持つものが無数にあるが、たとえば北アフリカの儀式音楽〈グナワ〉などとも共通するフィーリングを秩父の屋台囃子に感じた。

江戸囃子から派生した囃子は洗練されたものがほとんどだが、秩父屋台囃子には土着的な力強さと猛々しさがある。聴いているとカーッと心の奥底が熱くなってきて、無闇に暴れたくなってくるのだ。〈血湧き肉踊るリズム〉とはまさにこのこと。そんな囃子が秩父という埼玉の奥地で継承されていることに僕は強い関心を持った。

秩父屋台囃子は同地のさまざまな祭りで披露されるが、なかでも一番の舞台は秩父神社の例大祭である秩父夜祭だ。〈日本三大曳山《ひきやま》祭り〉のひとつに数えられるこの一大イヴェントには、県外からも多くの観光客が訪れる。

なにはともあれ、まずは祭りを体験しないことには始まらない。秩父夜祭は毎年一二月一日から六日にかけて開催されるが、そのうちのメインは〈大祭〉の日である一二月三日。僕は初の秩父夜祭を体験すべく、秩父へと車を走らせた。

秩父の町は周囲を山に囲まれた盆地に広がっている。中心部に降り立ってみると、そのことが強く実感された。山々のなかでもっとも強い存在感を放っているのは武甲山《ぶこうさん》。かつては秩父の人々にとって信仰の対象ともされてきたこの霊山は、セメントの原料となる石灰岩でできているため、長年に渡って採掘が進められ、現在では奇妙で痛々しい姿を曝《さら》け出している。

秩父夜祭はこの武甲山の男神である龍神様と秩父神社の女神である妙見様《みょうけん》が年に一度きりの逢い引きを楽しむ祭りとされていて、武甲山は夜祭における〈主役〉のひとりというわけだ。セメント産業のために山の一部が大きくえぐられた〈神様〉の祭り――そのこと自体にもいろいろなことを考えさせられるが、まずは祭りの真っただ中に足を踏み入れてみよう。

デコトラ顔負けの装飾

朝一〇時すぎ。秩父市内に到着すると、遠くで一台の屋台が動き出すのが見えた。下郷笠鉾《しもごうかさほこ》、高さ一六メートル。約一〇〇台の屋台が現存している秩父地方でももっとも大きなものである。笠鉾とは本来屋根に巨大な花飾りをつけたものが完全体だが、大正三年に電線が町中に張り巡らされてからは屋根に笠鉾を立てることができなくなってしまった。

余談になるが、近代の祭りにおいて巨大な山車と都市の共存は重要なテーマでもある。先にも触れたように、青森県五所川原の五所川原立佞武多では二〇メートルを越える山車が名物だが、大正時代初期に電線が張り巡らされたことにより、やむなく小型化された。それが九〇年代半ば、立佞武多の復活プロジェクトがスタートして運行コースの電線が地中に埋められたことにより、約八〇年ぶりに立佞武多が復活することになった。

秩父夜祭の場合、運行コースに秩父本線の踏切があることから線路上の架線が一時的に外せるようになっているほか、祭りのクライマックスである三日夜、なんとこの路線は一時運休される。祭りと都市環境を共存させるため、関係者は毎年頭を悩ませているわけだ。

話を元に戻そう。秩父夜祭には下郷笠鉾と中近《なかちか》笠鉾という二大の笠鉾に加え、宮地・上町・中町・本町という四台の屋台が登場するが、僕は初っ端《ぱな》から秩父最大かつ白木造りの美しさで知られる下郷笠鉾と出会ってしまったことになる。デコトラ顔負けの派手さを誇る笠鉾が〈ギギギギギ〉と悲鳴のような音を立てながら前進していく光景には、見るものを畏怖《いふ》させるような強烈な迫力があった。

屋根の上に立つのは、笠鉾に何かあったときのための大工。また、屋台・笠鉾を曳く曳き子たちを〈ホーリャーイ〉と煽るのはひときわ華やかな着物に身を包んだ囃し手たちだ。この囃し手〈町会によっては〈襦袢着さん〉や〈梶取〉と呼ばれる〉は祭りのなかでも一番の人気を誇るそうで、一生に一回しか立てないという決まりがあるという。秩父男にとっては文字通り一生に一度の晴れ舞台なのである。

午前中のこの時間帯はまだまだ準備体操のようなもの。ただし、笠鉾の内部では早くも屋台囃子が強烈なビートを鳴り響かせている。その迫力はかなりのもので、まるで笠鉾自体がブルブル振動しているかのよう。ギラッギラの怪物が〈ギギギギギ〉と〈ドドドドド〉という叫び声を上げながらゆっくりと前進しているような……やはり、祭りのなかで体感する囃子は違う。祭りがスタートしてから間もないというのに、そのおもしろさに僕はすっかり魅了されてしまった。

鍵となる太鼓の〈訛り〉

屋台囃子のリズム・パターンにはいくつかの種類がある。まず、一番の見せ場を作るのが〈大波〉。

これは坂道をのぼるときや屋台同士がすれ違うときに大太鼓を〈ドドドドド〉と連打するもので、車で例えるならばトップ・ギアかつアクセルはベタ踏みの状態。屋台・笠鉾を方向転換するとき、小太鼓だけが連打するのが〈玉入れ〉。なお、この方向転換のことを〈ぎり回し〉と言い、てこ棒を使って屋台をクルリと回転させる光景は秩父夜祭の見せどころのひとつでもある。

今回の取材にはひとりの知人に同行していただき、屋台囃子の解説をしてもらった。彼の名前は村主《むらぬし》新《あらた》さん。川崎太鼓仲間・響やThe J.B.'fといった和太鼓グループで活動するほか、高円寺阿波踊りの江戸歌舞伎連にも所属するという生粋《きっすい》の〈太鼓オタク〉である。京都出身の村主さんが秩父中心部から数キロ離れた山田町に通うようになったのは、大学進学で埼玉にやってきた二〇年前のこと。山田町では毎年三月に〈山田の春祭り〉が行われ、二台の屋台と一台の笠鉾が出ることでも知られているが、村主さんは一五年ほど前からこの春祭りに参加し、地元の人たちに混じってほぼ毎年屋台囃子を叩き続けている。

「埼玉に来る前から秩父屋台囃子は習ってたんですけど、現地で観たことがなかったんです。初めて秩父で観たときに驚いたのは、〈こんなにも大波を叩きまくるんだな〉ということ(笑)。もうひとつは〈訛り〉の部分ですね。左手(の叩き方)がちょっとタメる感じがしたんです。普通に聴いてるだけだと気がつかないぐらいのニュアンスなんですけど、そのタメが僕には〈訛ってる〉ように聴こえた」

〈タメ〉、もしくは〈訛り〉。この感覚は屋台囃子の魅力を紐解く際の重要なキーワードとも言える。ちょっとマニアックな話ではあるが、村主さんに続けてもらおう。

「小太鼓は〈テレテッケ〉という基本のパターンをひたすら叩きます。訛りがないとただの〈テレテケ〉。そこに〈ッ〉っていう微妙なタメが入るんですね。〈テレテケ〉という4つの音に余計なタメが入るわけです。それに合わせるかたちで、大太鼓パートでは〈テレテッケ〉の〈ケ〉にあたる部分にアクセントがくることが多い。例えば〈ドコドコンコドン〉という具合です。これを二拍としてカウントすれば、二拍目の裏。屋台囃子は裏にアクセントがくることが多いんです。ただ、〈テレテッケ〉は単純な二拍にはハマらないんですね」

「このビートがしっかりしていないと囃子が成り立たない」という小太鼓に対し、重低音を加えていくのが大太鼓だ。

「大太鼓は基本的にアドリブなんですが、三つのリズム・パターンがあって、それの派生パターンを組み合わせてできてるんですね。〈ドコーン〉〈ドコドコドン〉〈ドコドコンコドン〉という三つ。例えば〈ドコーン〉を三回続けたあと、〈ドコドコドン／ドコドコンコドン〉と続いたり。フレーズを続けるのも三回がちょうどよくて、四回だとフェイクっぽくなるんです。ただ、大太鼓はどれだけ定型のパターンを崩すかを競い合う側面もあります。変則的な叩き方のことを〈グレる〉って言って、〈あそこの屋台は最近グレてる〉とか言うわけです(笑)。自分のオリジナリティーを追究しつつ、グレすぎて違和感が出てしまわないようにする、そんな説得力のある太鼓をみんな目指していると思いますよ」

そうした訛りも屋台・笠鉾によって微妙に違う。訛りが継承されていくこともあれば、リーダー独自の訛りが囃子全体に反映されていくこともあるそうだが、そうした細かいニュアンスが現在も各コミュニティーで育まれているわけだ。

「(屋台を)曳いてみると分かるんですけど、あれ、太鼓のビートがないととてもじゃないとできない。屋台囃子のビートがあるからグッと力が入るんですよ。あとね、〈タタタタタタ〉という普通のリズムで曳こうとしても無呼吸だからただただ疲れるんだけど、〈テレテッケテレテッケ〉という風に訛っていると、それだけですごく曳きやすくなるんです。どういう理由であういう〈訛った〉リズムになったのかは分からないですけど、合理的なのは確か」

上町

芸能と祭りの地、秩父

正午すぎ。運行コースの中心部に位置する秩父神社へ移動すると、境内では宮地屋台による屋台芝居が行われていた。通常の屋台だけでもかなりの大きさなのに、そこに張り出し舞台も加わって巨大なステージができあがっている。秩父には二〇〇年以上続くと言われる地芝居（地元の素人が演じる歌舞伎）の伝統があり、このステージはその地芝居のためのもの。ほどなくして、宮地子供連による〈青砥稿花紅彩画《あおとぞうしはなのにしきえ》（白浪五人男）〉が幕を開けた。

秩父はさまざまな芸能が華開く〈芸能のメッカ〉でもある。地芝居と並んで盛んなのが神楽と獅子舞、そして人形芝居。加えて、秩父はさまざまな精霊送りや農耕儀礼が行われる祭りと儀礼の地でもある。古くから経済的にも豊かな土地であったこと。江戸をはじめとする他の地域の文化が常に輸入されてきたこと。その一方で山に囲まれた盆地であるため、その独自性や伝統が維持されてきたこと。数多くの芸能や祭り／儀礼が秩父で育まれてきた背景にはそうしたいくつもの要因が横たわっている。子供たちが一生懸命地芝居を演じているその光景に、その伝統が現在も引き継がれていることをまざまざと実感させられた。

日が沈み、秩父の町並みが暗闇のなかに溶け込む午後六時半、まずは御神幸《ごしんこう》行列が動きはじめる。神の依代となる大榊《おおさかき》を先頭に、高張《たかはり》提灯や楽《がく》太鼓、猿田彦、神輿《みこし》、宮司《ぐうじ》、最後尾に神馬《しんめ》がつく総勢二〇〇名以上の行列だ。この一団が通りすぎると、ライトアップされた屋台・笠鉾がゴール地点となる秩父宮記念市民会館裏をめざして動き出した。

日が暮れてから祭りの本番を迎えるというケースは決して珍しいものではないが、秩父夜祭の場合、昼と夜ではまったく別の祭になると言ってもいい。なんといっても、無数の提灯をまとった屋台・笠鉾の輝き。その美しさは日中見たものとは比べ物にならないほどだ。

僕の目には自身の富を誇示するかのようにも映った日中の屋台・笠鉾に対し、夜のそれは提灯の柔らかい灯りに包まれ、幻想的なフォルムが月夜のもとにさらされる。屋台・笠鉾全体がひとつの発光体になったかのようなその光景に思わず溜め息がこぼれた。

そこに彩りを加えるのが、夜空を彩る無数の花火。打ち上げは屋台・笠鉾を出さない町会が担当しているという。〈他の町会に負けてたまるか!〉というライバル心が火を点けているのかどうかは分からないが、その規模・玉数がまた凄まじい。出し惜しみナシ、とにかく上げて上げて上げまくる! といった気迫が漲る打ち上げっぷりに、秩父魂を見る思いだった。

「場を作るための音楽」

ところで、屋台・笠鉾の内部はいったいどうなっているのだろうか? 村主さんはこう話す。

「他の山車でも同じだと思いますが、うちの山車では提灯がひとつかふたつかかってるだけで、かなり暗いんですよ。大きい屋台だとそのなかに一五人から二〇人ぐらい入ってます。その人数で代わる代わる太鼓を叩いていくわけです」

そう聞くと、薄暗い屋台のなか、精悍《せいかん》な顔つきの男たちがミニマルなビートを黙々と叩き続けているストイックな光景を思い浮かべてしまうわけだが、「いやー、そんなことないですね」と村主さんは笑う。

「もう、ひたすら騒ぎまくってますよ（笑）。みんな屋台のなかでお酒を呑んでるし、なかにはへベレケになって担ぎ出される人もいますから（笑）。ストイックにやってたら一晩もたないんですよね」

ゴール地点である秩父宮記念市民会館裏は〈お旅所〉と呼ばれる。そこに六台の屋台・笠鉾が集結することになるわけだが、その直前に用意された斜度二五度の急坂、通称〈だんご坂〉を一気に曳き上げるのが祭り最大のハイライトである。残された力すべてを注ぎ込むような大太鼓の〈大波〉には凄みすら感じられるが、そもそもなぜこんな急勾配をわざわざのぼらないといけないのか、合理性を優先する近代的価値観に囚われていると理解できないだろう。この無骨さ、泥臭さ。

そして、屋台そのものにはありったけの財力を注ぎ込みながらも、そのハートビートを叩き出す屋台囃子は決して表に出ないという秩父男の美学――。村主さんは「秩父に二〇年通い続けて最近ようやく分かったことなんですけど」と前置きしたうえで、こう続ける。

「準備や片付けも手伝ってるうちにお祭り全体と接点を持つようになったんですけど、そのなかで祭りにおけるお囃子の位置づけが分かってきたんです。太鼓をやってる人間としては当然うまく叩きたいし、格好よく叩きたいんだけど、それよりも囃子としての責任があるわけですよ。〈これって格好いいよね！〉という意識だけじゃダメで、とにかく周りを煽って盛り上げる。お囃子はそのためのリズムなんです。場を作るための音楽。それが徐々に分かってきたんです」

秩父屋台囃子において、太鼓奏者は非常に匿名性が高い存在である。外部からは誰が叩いているか分からないわけで、彼らは屋台・笠鉾の一部となることが求められる。その一方で、〈大波〉のように奏者の自己表現のパートもあるわけで、単純に〈裏方〉とも言えない。そうした微妙なニュアンスを村主さんの言葉に置き換えるならば、「場を作るための音楽」ということになるのだろう。

お旅所に集結した屋台・笠鉾の上ではふたたび地芝居が演じられる。その後屋台と笠鉾はだんだんご坂から曳き下ろされたあと、それぞれの町会へと戻ることになる。

それが深夜三時ごろだという。村主さんは「町会に戻る道中がいいんですよ」と言うものの、僕の体力はすでに限界。そのため深夜一時ごろには秩父の町を離れた。車を走らせて一〇分もすると、そこには深い闇と静寂が広がっていた。ああ、祭りは終わってしまったんだな。そんな寂しさと心地良い疲労感が僕を包み込んだ。

［参考文献］
●薗田稔『秩父夜祭』（さきたま出版会）

⑥
神話的世界で繰り広げられる伊勢の田園エンタテインメント
三重・磯部の御神田
（2014年6月24日）

毎年6月24日に伊勢神宮内宮の別宮、伊雑宮のご料田で開催。農作業を演じて豊作を祈念する神事は各地で継承されているが、そのなかでも〈日本三大御田植祭〉のひとつに挙げられるなど知名度は全国有数。1990年には国の重要無形民俗文化財にも指定された。問い合わせは志摩市磯部支所まで。

日本人古来の身体感覚を幻視する

日本の芸能の源流のひとつに田楽《でんがく》がある。田楽というと豆腐やこんにゃくに味噌を塗り付けた味噌田楽を思い出す方が多いだろうが、もともとは五穀豊穣《ごこくほうじょう》を祈る神事から発展した芸能のこと。平安時代に成立したとされ、今に至るまで田楽にルーツを持つさまざまな芸能~神事が各地で継承されている。豊作への感謝と祈りを込めた神事を源流としつつ、次第に華やかな踊りと歌、美しい装束が加わることによって成立した（かつての）ムラのエンターテインメント、それが田楽だ。

現在の目から見ると田楽の多くは古風で地味なものではあるものの、中世には爆発的な田楽ブームが巻き起こったと言われている。その頂点が一〇九六年（嘉保三年）に京都で起きた〈永長の大田楽〉だ。

平安時代の儒学者／歌人である大江匡房《おおえのまさふさ》が著書『洛陽田楽記』に記したところによると、公家や農民などが入り乱れ、朝から晩まで太鼓を鳴らしまくるわ踊りまくるわという騒乱状態が、じつに三か月も続いたというから、ほとんど中世版〈ええじゃないか〉というハチャメチャぶりだ。

能楽の原型でもある猿楽とも影響関係を持つとされ、かの観阿弥《かんあみ》は当時絶大な人気を誇っていた田楽のエッセンスを意識的に採り入れることで自身の芸能を形成したとされる。そのエピソードひとつとっても、中世の日本においていかに田楽が絶大な人気を得ていたかが分かる。

田楽にルーツを持つ芸能の多くには農耕文化の身体感覚が色濃く残っている。ゆっくりと進む摺り足が採り入れられているものなどは、まさに農耕文化の記憶が表れたものだ。現在の能楽にも同様の動きを見ることができるが、これもまた水田でゆっくりと歩を進めていたかつての僕らの身体感覚が、数百年経って表れたものと言える。

日本の芸能・祭りの源流のひとつである田楽が、日本（再）発見の旅において避けて通ることのできないテーマであることは僕も重々分かっていた。分かってはいたものの、阿波おどりの圧倒的なグルーヴや河内音頭のディープな物語世界に魅せられてきた僕にとって、田楽系の芸能はあまりにも地味で、どこをおもしろがっていいのか分からなかったのだ。

三重県志摩市磯部町で行われている田植え神事〈磯部の御神田《おみた》〉へと足を運ぶことになったのは、YouTubeで観た動画にどこか心惹かれるものがあったからだ。そこに映っていたのは、水田のなかで泥だらけになりながら大はしゃぎする半裸の男たちだった。いちおう神事の一環とされるようだが、見た目はほとんど泥んこプロレス。

しかもその水田は伊勢神宮別宮一四社のうちのひとつ、伊雑宮《いざわのみや》のご料田（神田）だという。志摩国の一宮であり、伊勢神宮一二五社のなかでも古くから特別な存在とされてきた伊雑宮。その神聖なるご料田で、男たちが泥だらけになりながらダイヴしたり仲間をバックドロップしたりしているのだ。

音楽的な魅力がどこにあるのかはよく分からなかったが、〈なんだかおもしろそう!〉という単純な理由から磯部へと足を運ぶことにした。

日本三大御田植え祭りのひとつ

志摩半島のほぼ中央部に位置する三重県磯部町。千葉県香取《かとり》市の〈香取神宮御田植祭《おたうえ》〉、大阪府大阪市住吉区住吉の〈住吉の御田植〉と並んで日本三大御田植え祭りのひとつとされている磯部の御神田は、磯部町の上之郷《かみのごう》という地区で行われる。豊作を祈願してさまざまな踊りや儀式が披露される御田植え祭りは、一般的に田植えの時期にあたる五~六月に行われるもので、磯部の御神田も毎年六月二四日が開催日と定められている。

磯部の御神田がスタートするのは朝一〇時すぎからと早いため、僕は前日に伊勢神宮の内宮(皇大神宮《こうたい》)と外宮(豊受大神宮《とようけ》)を訪れ、参拝を済ませておいた。伊勢神宮を訪れるのは初めての経験だったが、なかでも内宮に広がる清浄な空気には感動した。長年人々の手によって守られ、大切にされてきた場所にはやはり特別な空気がある。夢にまで見たであろう伊勢詣りを実現させたかつての人々はこの石段をどのような思いで登ったのだろうか? 何を考えて手を合わせたのだろうか? たくさんの思いが脳裏をよぎる。

伊勢市駅から四〇~五〇分ほど電車に揺られてようやく上之郷に到着した僕は、磯部の御神田の会場を訪れる前に、まず伊雑宮へ向かった。

伊雑宮の創建に関してはさまざまな説があるが、第一一代垂仁《すいじん》天皇の御代《みよ》に創建されたとされていて、そうなると信仰の場所となってから二千年以上の年月が経過していることになる。伊雑宮にはそうしたかつての人々の気配が、あくまでも慎ましく漂っていた。内宮／外宮のように決して広大とは言えないが、慎ましくて風通しがいい境内。優しく参拝客を包み込むような神殿。地元の方々は伊雑宮を親しみを込めて〈磯部さん〉〈磯部の大神宮さん〉と呼ぶが、確かに〈さん付け〉で呼びたくなるような親しみやすい雰囲気がある。

その横に広がるご料田が磯部の御神田の舞台だ。祭りの当日はきれいに晴れ、抜けるような青い空と青々とした水田とのコントラストが実に鮮やかだ。

それ以上に鮮やかな色彩を放っていたのが高さ一一メートルほどの青竹の先端に括り付けられた大ウチワ。地元では〈ゴンバウチワ〉と呼ばれており、遠くからも分かるカラフルな絵以上に、〈太一〉という巨大な文字がひと際目を惹く。畦《あぜ》にセッティングされた小さなスピーカーからはほどよい音量で雅楽が流れていて、厳かなムードを演出している。

古くからの伝統に基づいた神事だけに、磯部の御神田で行われる儀式は少々複雑だ。現場レポートに入る前に、その内容をざっと整理しておく。細かい神事がいろいろとあるが、メインとなるのはこちらの四つだ。

苗取り：顔に白粉《おしろい》を塗った一〇代前半の女子たちによる早乙女《さおとめ》が、ご料田の苗代から早苗《さなえ》を受け取る神事。
竹取り神事：四〇人ほどの男たちが泥田に飛び込み、〈ゴンバウチワ〉と呼ばれる大ウチワを奪い合う神事。
御田植の神事：太鼓や笛による田楽の演奏に合わせ、苗を植えていく神事。刺鳥差《さいとりさし》の舞などの舞踏も行われる。
踊り込み：料田から伊雑宮の一の鳥居までの二百メートルほどの距離を二時間かけて、歌い踊りながら進む。

いずれの神事も古風なものばかり。古来は別々に行われていたものが、ある時期から統合されて現在の形になったとも言われている。
では、ここから磯部の御神田の現場レポートをお届けしよう。なお、祭りは磯部町内の九地区が代わる代わる担当することになっており、この年の当番区は築地《ついじ》である。

泥んこプロレスは五穀豊穣を祈る神事

朝一〇時すぎ。伊雑宮で修祓《しゅばつ》（お祓い）を受けた神事の担い手たちがご料田へと向かう。先頭

上：泥だらけの男たちが熱演を見せる竹取り神事

下：少女に扮した太鼓打ちの少年を中心に、磯部の神話世界が広がる

は二人の朳差《えぶり》しと六人の立人《たちうど》で、その役を務めるのは二〇代の男性だ。そこに続くのは、田楽や神楽などで使用される竹製の楽器、ささらを擦る男子二人、一〇代の女子による早乙女（田植えを担当する女性のことをこう呼ぶ）六人、カツラを被って少女に扮装した太鼓打ちの少年一人。そこに笛や太鼓、小鼓、謡《うたい》という楽器隊が続く。

色鮮やかな装束に身を包んだ少年少女たちの佇《たたず》まいにまず惹きつけられる。なかでも少女に扮装した少年が放つ妖しい雰囲気がインパクト十分で、まるで民話の世界が突然目の前に出現してしまったかのような気分にさせられる。

ご料田には四枚の苗床がセッティングされていて、一枚には結界が張られている。一〇時五〇分ごろ、神官がご料田の周辺を清めると、立人と早乙女が田に降りる。結界が張られた苗代の周囲を手を取り合って三周半回ると、早苗を取っていくのだが、このあたりの作業は実にゆったりとしたもので、いかにも神事という雰囲気が漂う。早朝から動いていたため、早くも睡魔が襲い始める。

一一時二〇分ごろ、男たちが泥田に飛び込む竹取り神事が始まると、祭りの空気が一気に賑やかなものとなった。まず、褌《ふんどし》（もしくは短パン）姿の青年たちが田に入る。その数、およそ四〇人。最初は恐る恐る泥をかけ合う青年たちだったが、徐々にエスカレートしていく。ひとりの男がスピードを付けて泥田のなかへとダイヴをすると、ドッと大きな笑い声が沸き起こった。それを合図にバックドロップやジャイアント・スウィングといったプロレス技の応酬が始まる。四、五人がかりの泥攻撃を浴びる者もいるし、観客席に向かってスライディングする者もいる。そのたびに大きな笑いが起こり、神事の固い空気が解《ほぐ》れていく。

正直、泥んこプロレス以外の何者でもないが、これが五穀豊穣を祈る立派な神事なのである。そもそも、祭りとは神様を笑わせてナンボ、楽しませてナンボのもの。伊雑宮の祭神である天照大御神《あまてらすおおみかみ》が、馬鹿馬鹿しい泥んこプロレスを見ながら笑い転げている姿を想像しているうちに、僕もいつのまにか楽しい気分になっていた。

よく見ると、青年たちは次から次へとお神酒《みき》を呑まされている。この後の休憩時間、泥酔状態で仲間に担ぎ上げられている男の子を見かけたが、そりゃ慣れない酒をガンガンに呑まされ、ドロドロの水田のなかで放り投げられ続けたら酔いも回ることだろう。気分が悪くなったとしても神事の最中は田の外にはそう簡単には出られないだろうし、万が一、神田で戻してしまったとしたら……考えるだけでゾッとする。

ご料田が十分耕された後、いよいよゴンバウチワを先端に付けた竹がご料田へと倒される。二枚の団扇《うちわ》から構成されるゴンバウチワの絵柄がまたなかなかおもしろい。上の団扇に描かれているのがツル、カメ、松、竹、海、そして太陽。下の団扇には米俵が積みこまれた帆掛け船が描かれていて、帆には先述したように〈太一〉という文字が大きくあしらわれている。〈太一〉とは最高神を意味するとされ、すなわち天照大神を指している。

このゴンバウチワと竹を泥だらけの男たちが奪い合うわけだが、竹は切り分けられて参加者に配られるという。なかには神棚に飾る者もいるそうだが、漁師たちは船魂《ふなだま》として自分たちの船に祀るらしい。かつて竹取り神事に参加していたのは志摩の漁業関係者だったそうで（現在では職種を問わず磯部町の住民から広く参加している）、この祭りは田植え神事でありながらも、漁師たちの大漁祈願・航海の安全祈願も兼ねているわけだ。

ゴンバウチワの付いた竹が倒されると、それを全員で抱え、グルグルと田のなかを何周も旋回する。疲労と酒でヘロヘロになった男たちが竹を抱えながら退場すると、会場から笑いとも歓声ともつかぬ大きな拍手が沸き起こった。

かつての村の生活が浮かび上がる踊り込みの歌

一一時半ごろから御田植の神事が始まる。太鼓や笛の演奏に合わせ、早乙女たちがゆっくりと苗を植えていく。

謡役《うたい》の少年たちが歌う小謡《こうた》に、僕の心は惹きつけられた。メロディーの抑揚《よくよう》がなく、グルーヴを排したその歌にはほとんど歌謡性がない。神歌ならではの厳かで古風なムードが充満している。YouTubeで観たときには古くさくて退屈なものにしか聞こえなかった小謡も、まるで『日本昔ばなし』のような神話的空間のなかで聴くと、グッとくるものがある。

休憩を挟んで披露された刺鳥差の舞は、まさに農耕民族としての身体感覚が前面に出た舞だった。派手に飛び跳ねることもなければ、振りの意味がすぐに分かるような単純な動きもない。ゆったりとした動きはいかにも農耕儀礼の発展型そのものだ。

エンターテインメントとしては多少退屈かもしれないが、これは神事なのだから、黙って舞を拝見しておけばいいのである。

昼三時ごろから踊り込みがスタートする。ご料田から伊雑宮の一の鳥居までの短い距離を一行はゆっくり歌い踊りながら進んでいくわけだが、ここでも男たちはガンガンに酒を飲まされている。そして、泥酔状態でこんな歌を歌うのだ。

サアー エーイ エーイシャントセ
サーア 目出度 目出度の 御田を植えて
サーア 踊り込むぞや 宮様へ イェイエィ 宮様へ

以降、甚句と同じ七七七五調のリズミカルな歌が続く。

野後の川原で手足を洗て／躍り込むぞや宮様へ
笛に太鼓に大鼓《おど》、小鼓《こど》、ささら／植える姿は百合の花

御田の起こりは神代《かみよ》のむかし／鶴が落とした稲穂かな
今年しゃ豊年 穂に穂がさいて／升はとりおけ 箕《み》ではかる
一の鳥居で昼寝をしたら／五穀繁盛の夢をみた
嫁をとるなら築地の娘／御田の奉仕の早乙女を
昇る花火と早乙女笠を／御田の祭りの花とみる

これがまた、なんともいい歌なのだ。歌詞からはかつての村の生活が浮かび上がってくるようだし、酒盛り歌風のメロディーは実に親しみやすいもの。思わず僕も手拍子をしながら歌の輪のなかに加わりたくなってしまう。

ただし、踊り込み行列の後方に続く子供たちは疲労困憊《こんぱい》。ただでさえ炎天下だというのに、着慣れない装束に身をまとい、じっとしていなくてはいけないのだ。横ではお母さんと思われる女性がたえず団扇で男の子をあおいでいる。だが、彼もいつかは踊り込みの輪のなかに加わり、泥酔状態で踊り込み歌を熱唱することになるのだろう。そう考えると、僕は必至の形相で暑さに耐える少年たちが羨ましくなってきた。

踊り込みは二時間ほどで終了。伊雑宮の一ノ鳥居内に入り、少年たちが千秋楽の舞を舞うと、朝から続いた磯部の御神田はこれにて終了となる。

磯部の御神田という古式ゆかしい神事の根底にはさまざまなストーリーが存在する。堂野前彰子の論文「海から寄り来るもの」(『古代学研究所紀要 第八号』所収)には、いくつも説明されている。カツラを被って少女に扮装した太鼓打ちの少年は天照大神を模していること。田植え神事や踊り込み唄の歌詞のなかでは、豊穣を約束する奇跡の稲が真名鶴《まなづる》によってもたされたという穂落とし伝承が語られていること——。

磯部の民話に〈七本鮫〉というものがある。ある年の六月二四日、七匹の鮫《さめ》が伊雑宮の大御田橋までやってきたが、そのうちの一匹を漁師が殺してしまった。怒った残りの鮫は仲間の仇を打ち、その後毎年伊雑宮へお参りにくるようになった、という物語だ。

ここでの鮫は伊雑宮の使いを意味するという説もあれば、竜宮の使いという説もあるが、現在も志摩の漁師や海女にとって、六月二四日に海に入るのはタブーとされているという。また、ゴンバウチワに書かれた〈太一〉は古代中国では万物の根源とされ、神格化された北極星を表している。そのようにさまざまなストーリーが重なり合うことによって、磯部の神話的世界が形成されているのだ。

東京に戻ってみると、あの日、磯部に流れていた時間が、現代の都会生活とはあまりにかけ離れたものだったことを改めて実感する。言い方を変えると、磯部では中世の時間感覚を疑似体験したとも言える。『日本昔ばなし』の世界の疑似体験であり、磯部の神話的世界の疑似体験である。

手元にある郷土資料集『磯部の御神田』の表紙には、明治一五年に津川斎兵衛が描いた御神田の模様があしらわれていて、そこには水田の淵に笠を被ったオーディエンスがみっちり人垣を作っている光景が描かれていた。自分もその人垣のひとりである、と想像してみる。そうすると、退屈にも思えるゆったりとした祭り空間のなかから、酔っぱらってご料田にダイヴしたり仲間たちと肩を組んで踊り込み歌を熱唱する中世の男たちの姿が浮かび上がってくるのだ。その瞬間、のどかな田園風景はカラフルな祝祭空間へと一変する。

磯部の御神田は僕のイマジネーションを存分に刺激してくれる田園のエンターテインメントだった。

［参考文献］

●『民俗芸能探訪ガイドブック』（図書刊行会）

●下川耿史『盆踊り 乱交の民俗学』（作品社）

●『磯部の御神田』（磯部教育委員会）

●『磯部の御神田式次第』（磯部の御神田奉仕会）

●『古代学研究所紀要』第八号（明治大学日本古代学研究所）

コラム4

祭りの起源と目的
——神事としての祭りにリズムを見出す

〈不可視の霊と可視の人間の接触交歓の場〉としての祭り

〈まつり〉という言葉はどこからやってきたのだろうか。祭る、祀る、奉る。同じ〈まつり〉でも、この言葉にはいくつもの漢字が存在するわけだが、民俗学者の柳田国男は、神の力に従い、奉仕することを意味する〈まつらう〉を語源として挙げている。

「今でいうならば〈御側にいる〉である。奉仕といってもよいか知らぬが、もっと具体的に言えば御様子を伺い、何でも仰せごとがあれば皆承り、思召のままに勤仕しようという態度に他ならぬ。ただ遠くから敬意を表するというだけではないのであった」（柳田国男「祭から祭礼へ」『柳田国男集第五巻』所収）

また、『日本の祭り』（監修・神社本庁）では〈まつり〉の〈まつ／待つ〉に着目し、「大昔、神様は遠いところから来られて、山や岩、木などに宿ると考えられていました。つまり、神様が現れるのを〈待ち〉、神威に服することが〈まつり〉であるといわれています」としている。

古代より人々は自然の恵みを神からの授かり物と考えていた。農民たちにとっては作物の穫れ高が生命線になったし、漁師たちにとって魚が穫れないということはダイレクトに死に結びついた。また、狩猟に携わる人々は獲物となるケモノたちの霊的な力を信じ、彼らを祀る儀式を執り行った。それゆえに人々は恵みを授けてくれるものを崇拝し、信仰した。八百万《やおよろず》の神はありとあらゆるところに存在しており、僕らは古代からそうした神々を祀ってきたわけである。

祭りとは、そのような八百万の神をもてなし、楽しませるための儀式だ。そのために御馳走（神饌）と歌舞音曲を捧げ、神輿によって神をあちこちにお連れする。もちろん神を楽しませると同時に、我々も楽しむ。時にはハメを外してめちゃくちゃをやることもあるけれど、本来はあくまでも神を楽しませるためのものなのだ。

森田玲はこう書いている。

「祭の目的は、カミの御霊の活性化や鎮魂、豊作祈願や収穫感謝、雨乞いや雨喜び、悪霊・怨霊・疫神の類いの遷却、先祖供養など多岐にわたり、祭の様式も、時代や地域、祭の目的によってさまざまである」（森田玲『日本の祭と神賑《かみにぎわい》』）

「カミの御霊の活性化」を言い換えれば、神を楽しませるということでもある。万物を生み、成長させる霊的な力のことを産霊《むすひ》と呼ぶが、その産霊を促し、活性化させるということでもある。

三隅治雄は「霜月祭り　神々がつくる『時』と『空間』」（季刊『自然と文化21夏季号』所収）でこう書いている。

「祭りは、元来不可視の世界である霊界の、人間の生命に善悪さまざまの影響を与えるとみられる霊物に、人間が交感交流して、その霊物の神秘的な霊力なり感情・思考をわがものとして、人生をよりゆたかで安泰なものとしたいとの願いから行われるもので、不可視の霊と可視の人間の接触交歓の場が祭りの空間である」（三隅治雄「霜月祭り　神々がつくる『時』と『空間』」）

祭りとは、不可視の霊と可視の人間の接触交歓の場である——三隅治雄のこの言葉はとても分かりやすく祭りの本質を説明している。

〈不可視の霊〉とは八百万の神の場合もあれば、祖霊の場合もある。いわゆる神事に基づいた祭礼のみならず、盆行事に基づく都市の祭礼にもこの説明を当てはめることは可能だろう。不可視／可視のものが特定の祝祭空間のなかで交流し合うことによって、気配のような形で不可視の存在がふと立ち上がったり、かたや可視の存在であるはずの人間が不可視の集団へと変貌することもある。

本書でもそうした不可視／可視の存在が入れ替わってしまう瞬間をたびたび描いているが、祭りの本質のひとつがここにはある。

なお、森田玲は祭りには〈神事〉と〈神賑行事〉という二つの局面が存在することを強調している。森田は「人々の意識がカミへと向けられている場面を〈神事〉、人々の意識の相当量が（カミの存在を感じながらも）ヒトとヒトとの交歓、あるいは見物人へと向けられている場面を〈神賑行事〉」と定義しており、「厳粛にカミと向き合う儀式的な部分が〈神事〉で、我々が現在一般に祭と認識している賑やかな場面が〈神賑行事〉にあたる」としている。

この定義も分かりやすい。神輿を用いた神幸祭《しんこうさい》はもちろん、地車《だんじり》や山鉾《やまほこ》が出る祭も神賑行事。参加する人々の意識がカミと同時に見物人へと向けられているこうした神賑行事が後に風流《ふりゅう》という美学と結びつき、華美なものへと発展していったのも自然なことだったのだろう。

　神賑行事と風流の関連については、柳田国男が〈祭り〉と〈祭礼〉の違いを指摘しながら興味深いことを書いている。

　柳田は「家を普請すれば棟上げの祭をする。井戸をさらえるとその後で井戸神様を祭る。こんなのは確かに祭礼ではない」と書いたうえで、「たとえ起源は農民と共通の信仰にあるにしても、特に夏の祭をこの通り盛んにし、また多くの土地の祭を〈祭礼〉にしてしまったのは、全体としては中世以来の都市文化の力であったと言い得るのである」と書く。少々長くなるが、該当部分を引用する。


「一般的なる祭礼の特色は、神輿の渡御、これに伴なういろいろの美しい行列であった。中古以来、京都などではこの行列を風流と呼んでいた。風流はすなわち思いつきということで、新しい意匠を競い、年々目先をかえて行くのが本意であった。我々のマツリはこれあるがために、サイレイになったともいえるのである。しかも神々の降臨、すなわち祭場に御降りなされるということは、私の信ずる所では古くからの考え方であった。ただ今見るような金碧燦爛たる乗物に御乗せ申して、ちりんちりんとかいて練り歩くということが、今もって他の小さな祭にはないのである。（中略）少なくとも諸国の多くの御社の神の御渡りにも、この綺麗な御輿を用い始めたのは流行である改造であり、近世の平和期以後の文化であり、従ってまた主として都会地にまず入ったもののようである」（柳田国男「祭から祭礼へ」）

　中世末期から近世にかけて町民や一部の農民が経済力をつけ、彼らが主体となる形で各地の祭りは大きく発展していったわけだが、柳田によると、町民文化＝都市文化としての〈祭〉は新しい意匠を競い合う風流と結びつくことで次第に〈祭礼〉となっていった、というのだ。

京都・祇園祭の囃子から聞き取るリズム

　そうした都市の祝祭としての祭礼の象徴は、やはり京都の祇園《ぎおん》祭だろう。京都は葵祭、祇園祭、時代祭という三大祭をはじめとして、常に何らかの祭祀が行われている〈祭の都〉でもあるが、なかでも最大の規模を誇るのが祇園祭だ。北は北海道から南は九州まで各地で無数の祇園祭が行われており、日本の祭のルーツの源流のひとつと言える。

　この祭りの源流は、怨霊を鎮めることを目的とした神事〈祇園御霊会《ごりょうえ》〉。八幡和郎・西村正裕『「日本の祭り」はここを見る』によると、記録に残る最古の御霊会は貞観五年（八六三年）に行われたものというから、そこからカウントすると、祇園祭は実に千年を優に越える歴史を誇ることになる。

祇園祭は祭の無事を祈念する七月一日の〈吉符入〉を幕開けとし、七月三一日の〈疫神社夏越祭〉までの一か月間に渡ってさまざまな儀式が行われる。

ハイライトは〈動く美術館〉とも称される豪華絢爛な山鉾巡行であり、巡行を彩るのが鉾や曳山に乗った囃子方が奏でる祇園囃子だ。囃子を構成する楽器は三種類。〈コンチキチン〉という特徴的なリズムを叩き出し、四種類の音を使い分ける鐘。涼しげなメロディーを奏でる笛。そしてアンサンブルのリーダー的役割を務める太鼓だ。

かつてこの囃子は演奏によって悪霊を鎮めるという目的も持っていたというが、だからといってドカドカと喧《やかま》しいリズムではない。もともと祇園囃子のリズムは能楽の影響のもと室町時代末期に成立し、江戸時代に入ってから現在のスタイルとなったと言われるが、確かに能楽の囃子を連想させるところもある哀調に満ちた囃子だ。

なお、日本伝統音楽研究センターのホームページにアップされている「祇園囃子アーカイブス」には「囃子方には、無形文化財である祭礼で囃子をはやすという誇りがある。祇園囃子を〈させていただく〉〈していただく〉ということが大事である」という興味深い一文がある。たとえ華美な都市の祭礼として長い歴史を持とうとも、祇園囃子は悪霊を鎮め、神を喜ばせるものであるという原点をいまだ失っていないのだろう。

神奈川県茅ヶ崎・浜降祭の〝茅ヶ崎甚句〟

神を楽しませるための祭りであっても、多くの場合、歌舞音曲が奉納されるわけで、そこに芸能としてのおもしろさを見出すことはいくらでもできる。だが、たとえ囃子のない神輿渡御であったとしても担ぎ手たちの掛け声には祝祭ならではのグルーヴがあり、（そこに音楽的魅力を求めるのは多少強引だとしても）沿道で見ているだけで自然と高揚していくような感覚がある。

七月第三月曜日の海の日、神奈川県茅ヶ崎市の南湖海岸では〈浜降祭《はまおり》〉が行われる。〈浜に降りる〉という文字どおり、浜降祭とは押しては返す波のその向こうへと神輿ごと突入する勇壮な祭りだ。

こうした形式の祭りは日本各地で行われているが、茅ヶ崎の浜降祭はかなり規模が大きい。なにせ鶴嶺八幡社、鶴嶺地区、茅ヶ崎地区、寒川地区、松林・小出地区、南湖地区という各地区からトータル三四社もの神輿が出るのだ。南湖海岸の浜に豪華絢爛な神輿がズラリと並んだ光景は湘南の夏の風物詩とも言えるものである。

また、旧相模国一帯ではいくつもの浜降祭が行われているが、ここの神輿は〈どっこいどっこい〉という掛け声を特徴とする〈どっこい神輿〉というスタイル。神輿の横についたタンスと呼ばれる取手をガチャガチャと叩き付けるリズムに合わせて神輿を担ぐ。

南湖海岸の浜降祭のクライマックスとなるのは、やはりひとつひとつの神輿が順番に海へと入っていく禊《みそぎ》。もともとこの浜では心身の罪や穢れを清める禊の神事を行うため、毎年浜辺への渡御が行われていたというが（茅ヶ崎市観光協会ホームページより）、天保九年（一八三八年）のとある出来事が由来となっている。いわく、かつて寒川神社の神輿が川で行方不明になった際、南湖の網元がご神体を発見。そのお礼のため、神輿を浜で担ぎ、禊の神事を行うようになったのが浜降祭の原点だという。現在では担ぎ手たちの男気を見せるという目的も多分に含まれているのだろう。荒波に足元をすくわれて神輿がぐらつくたびに観衆からは大きな声が上がる。

茅ヶ崎の浜降祭で僕がもっとも感銘を受けたのは、神輿にタンスを叩き付けるリズムでもなければ、〈どっこいど

湘南の夏の風物詩、神奈川県茅ヶ崎市の浜降祭

っこい〉という勇壮な掛け声でもなく、神輿を担ぐ際に歌われる〝茅ヶ崎甚句〟だった。当然歌い手によって歌唱力はピンキリではあるものの、名人クラスの〝茅ヶ崎甚句〟には感銘を受けた。海の男らしい力強さに満ち溢れ、実に伸び伸びとしている。民謡教室で習ったものではなく、祭りのなかで鍛えられ、磨き上げられてきた歌である。

そして、この〝茅ヶ崎甚句〟も担ぎ手たちを鼓舞するものであると同時に、神輿に乗る神へと捧げられるものでもあるのだ。聞き手に向けて〈聴かせる〉ものではなく、神へ奉納される歌。

茅ヶ崎の浜降祭でこうした甚句が歌われるようになったのはさほど古いことではなく、もともとは酒席やお座敷などで歌われていた若い衆の遊び歌だったという。それが浜降祭に持ち込まれ、今ではどの地区の神輿でもこの甚句が歌われるようになった。なお、こうした神輿甚句は決して茅ヶ崎特有のものではなく、他県の神幸祭でも歌われることがある。きっといまだ僕の知らない素晴らしい歌い手が各地にいるのだろう。

神話の世界のレイヴ・パーティー
――宮崎・高千穂の夜神楽

先述したように、祭りは神を楽しませるものであると同時に、自分たちも楽しむものだ。楽しんでいるところを神に見せ、そして神にも喜んでいただく。宮崎県高千穂町で夜神楽を体験した際には、確かにそうした感覚を感じたものだった。

神楽とは神事などの場面において神に奉納される歌舞のこと。神社の祭礼で巫女舞《みこまい》が奉納される場面に立ち会った経験のある方もいるだろうが、この巫女舞も神楽の一種だ。その他に神話を題材とする仮面劇〈採り物神楽〉、釜で沸かした湯を人々にふりかけて清める〈湯立《ゆだて》神楽〉、獅子舞を採り入れた〈獅子神楽〉という分類があり、これら民間で親しまれているものを里神楽と呼ぶ（宮中で行われているものは御神楽と呼ばれる）。

神楽の語源は〈神座《かみくら》〉。三上敏視の『神楽と出会う本』によると、「神座は神が降臨するところで、ここに神を招きその前で魂の復活を願うなどの祈禱や歌舞をしたのが神楽の古い姿だったらしい」。また、高千穂町観光協会・監修『祈りと伝承の里　高千穂の夜神楽』では、こうした一文も見られる。

「万物が休息に向かう霜月の頃は、生命力が一番衰える時です。この〈みたまのふゆ〉に一年の罪や穢れを祓い、神

夜を徹してさまざまな神々が登場する宮崎県高千穂町の夜神楽

遊びで新しいエネルギーを呼び込むのが神楽です。神楽の〈楽〉は神に捧げる芸能のこと。古くは〈楽〉を〈アソブ〉と読ませましたが、この〈アソブ〉は〈鎮魂〉を意味しました。神楽は神を招いて魂を再生する歌舞といえます」

先の分類に照らし合わせると、高千穂の夜神楽は〈採り物神楽〉に分類される。毎年一一月中旬から翌年二月上旬にかけて町内一九の集落で奉納が行われ、一晩をかけて実に三三番の神楽が奉納される（高千穂神社境内の神楽殿でも三三番の神楽の中から代表的な四番が年中無休で公開されている）。高千穂の人々が長い時間をかけて育んできた信仰がさまざまな演目を通じて表現されるのが夜神楽最大の魅力だ。

もともとこの高千穂は天孫降臨伝承の地。古事記や日本書紀にまつわる神話の舞台となってきた歴史ある場所である。周囲を山に囲まれ、狩猟と焼畑農業を基盤としてきた高千穂の人々は山の神である荒神様と、五穀豊穣をもたらす水源の神を祀ってきた。三三番の高千穂神楽にはそうした神々が次々に登場する。天鈿女命《あめのうずめのみこと》や猿田彦大神《さるたひこのおおかみ》など日本神話で描かれる神々のほか、土地の伝承に基づいた地主神も仮面を被った村民たちによって演じられる。

こうした夜神楽は地域の公民館で行われることもあるが、二〇一三年一月に僕がお邪魔したのは河内という地区の民家だった（〈神楽宿〉と呼ばれる）。舞台となるのは静かな農家の大広間と庭。全国的にも有名な高千穂神楽だけあって集落外の観覧者も多いものの、集落外から参加する場合はあくまでも〈お邪魔する〉という意識を持っておくべきだろう。そのため受付でご祝儀を出すのは礼儀である。

この神楽宿ではご祝儀を差し出した五秒後に地元の初老男性から竹筒を手渡され、熱い酒を注がれた。男性が注いでくれたのは高千穂名物のカッポ酒。焼酎を入れた竹筒をそのまま焚き火にかけ、熱くなった頃合いを見てコップ代わりの短い竹筒に入れて呑むというもので、寒い夜神楽ではこのカッポ酒が本当にありがたかった。

また、この神楽宿ではご祝儀を出した観客にも温かい食事が振る舞われる。近くに商店もないような山深い集落だけに、地元の奥様方手作りのお煮染めやおにぎりをありがたくいただく（なお、ご祝儀は決して酒代や食事代というわけではない。関係者以外には供されない神楽もあるので気をつけたい）。

そのように地元の方々からもてなされながら、長い長い時間をかけて三三番の神楽を拝見することになるわけだが、神楽宿には僕らを神話世界へと誘うためにいくつもの仕掛けが施されている。

まず目につくのが、神楽宿を彩るカラフルな〈しつらえ〉だ。庭で強烈な存在感を放っているのが飾り物を配した〈山〉。これは神の降り立つ依代となるもので、この山から屋内へと真っすぐ糸が伸びている。その先にあるのは神楽の舞台となる〈神庭《こうにわ》〉。神庭には注連縄《しめなわ》が張り巡らされていて、そこには鳥居や干支を刻んだ〈彫り物〉と呼ばれる切り紙が飾られている。先にも触れたように神楽宿は一般の民家を舞台としているわけだが、〈しつらえ〉という鮮やかなデコレーションによってどこにでもある農家は見るものを古代へと誘う神話の舞台となる。

また、三三番の神楽を通じて奏でられるさまざまな囃子のリズムと神楽歌も独特だ。太鼓と笛をベースとし、踊り手が奏でる鈴というシンプルな編成によるリズムは大変おおらかなもので、決して派手さはない。どちらかというとジャマイカの宗教音楽であるナイヤビンギに近いテンポとも言えるだろうか。無理矢理高揚されるのではなく、じっくりと宗教的エクスタシーへと導いていくような深いリズムである。

三三番それぞれにストーリーがあり、それぞれの舞いには神仏習合と陰陽五行に基づいた意味がある。だが、一番一番は途方に暮れるほど長く、観ているうちに徐々に時間感覚が失われてゆく。またひとり、またひとりと睡魔に負ける観客たち。焚き火の番をしていた初老男性も酔いつぶれてしまったのか、火の横でうつらうつらしている。そうした頃合いを見て、目を覚ますような神楽が奉納されるのがまたおもしろい。

〈目覚まし神楽〉とも呼ばれる〈御神体〉の登場人物は伊弉諾尊《いざなぎのみこと》と伊弉冉尊《いざなみのみこと》。酒で酔ったこの男女二神は絡み合いながら見物人のなかに突入し、切り餅を投げたりする。また、その〈御神体〉の前に奉納される〈八鉢〉では少彦名《すくなひこな》の命《みこと》が太鼓の上で曲芸のように逆立ちしたりする。この〈八鉢〉は河内地区では一時期途絶えていたそうだが、その後復活。人気の神楽のようで、地元の人々も拍手喝采を贈っている。

クライマックスとなるのは、〈柴引〉から始まる〈岩戸五番〉。五つの神楽を通じ、天岩戸開きが演じられる。時はまさに明け方。クライマックスに向け、神庭にも少しずつ熱が満ちてくる。朝日が登ってきた際の解放感と高揚感を僕は忘れることはできない。寒く暗い夜から解放されるあの感覚は何だったのだろうか。

僕はふと九〇年代に散々足を運んだ野外のレイヴ・パーティーの光景を思い出していた。一晩を通じてさまざまなストーリーを体験し、その場に集う人々とひとつの体験を共有すること。その果てに感じることのできる高揚感。高千穂の夜神楽は、まさに古代と地続きになった神話の世界のレイヴ・パーティーだった。

正直、三三番を通じて集中力をキープするのは至難の業だ。身体を温めるためのカッポ酒の効果もあって、集落を離れる頃にはヘトヘトになっていたが、さまざまな神々とともに一晩を楽しむという経験はなかなかできるものではない。高千穂以外にも各地でさまざまな神楽が継承されているので、『神楽と出会う本』をガイドブックとしてぜひ現地に足を運んでいただきたい。

[参考文献]
●柳田国男『柳田国男集 第五巻』（筑摩書房）
●『日本の祭り（監修・神社本庁）』（扶桑社）
●武光誠『日本人なら知っておきたい神道』（KAWADE夢新書）
●森田玲『日本の祭と神賑』（創元社）
●季刊「自然と文化21夏季号」（日本ナショナルトラスト）
●鶴田栄太郎「寒川神社浜降祭」（一九四二年一〇月号『郷土神奈川』神奈川県郷土研究会）
●『旅』一九九一年七月号（新潮社）
●三上敏視『神楽と出会う本』（アルテスパブリッシング）
●高千穂町観光協会・監修『祈りと伝承の里 高千穂の夜神楽』（高千穂町観光協会）

⑦
日本最強のダンス・ミュージックが生み出す祝祭空間
東京・高円寺阿波おどり

（2010年8月29日）

毎年8月の最終土曜日・日曜日に開催。毎年2日間で100万人前後が訪れるという、徳島につぐ規模を誇る阿波おどり大会。JR中央線・高円寺駅と東京メトロ丸ノ内線・新高円寺駅に挟まれた広いエリアで行われる。開催情報は東京高円寺阿波おどり振興協会などのホームページにて。

街を飲み込む凄まじいグルーヴ

新宿駅からＪＲ中央線で一〇分足らず。環状七号線に接する高円寺は、南北に大きな商店街が広がる町だ。商店街の中には安くて居心地のいい居酒屋や昔ながらの個人商店が点在し、ライヴハウスやマニアックなレコード店などの音楽スポットにも事欠かない。この町は一年に二日だけ、太鼓と鉦の轟音に占拠される。東京高円寺阿波おどり――二日間で実に一〇〇万人もの観客数を誇るこの夏祭りの期間中、高円寺は凄まじいグルーヴの渦に呑み込まれることになるのだ。

僕が高円寺阿波おどりを初めて訪れたのは二〇一〇年のことだった。見慣れた町にまるでブラジルのサルヴァドールのような祝祭空間が生み出される光景は痛快なものだった。大太鼓と締め太鼓、鉦が作る強靭なグルーヴ〈連〉によってはスネア・ドラムが加わる）。三味線や笛が彩る雅《みやび》なムード。男女の踊り手たちが振りまくパッションと色気。通りという通りには踊り手と鳴りもの隊が溢れ、町そのものがリズムとダンスにジャックされる。そこには紛れもない非日常があり、二〇一〇年の夏の日、初めてその祝祭空間を味わった僕は興奮を押さえきれずに一日中高円寺の町を徘徊し続けたのだった。

阿波おどりもまた、その成立過程には諸説ある。〈徳島藩祖であった蜂須賀家政《はちすかいえまさ》が天正一五年（一五八七年）に徳島城を竣工《しゅんこう》した際、完成祝いとして人々が踊ったもの〉というのがオフィシャルな説。

その他にも風流踊りや死者鎮魂の精霊踊りなどをルーツとする説などがあるが、いきなり入り組んだ歴史の話に突入してしまうのもナンなので、こちらは八章「海を渡った〈踊る阿呆〉のDNA――徳島阿波おどり〜熊本・牛深ハイヤ節（前編）」で細かく説明することにしよう。

阿波おどりが全国的に知られるようになったのは、徳島の芸妓《げいぎ》だったお鯉さん（明治四〇年生まれ、平成二〇年に一〇〇歳で逝去）が吹き込み、昭和七年に全国発売された〝徳島盆踊唄（よしこの）／徳島風景〟というレコードがきっかけだった。阿波おどりの典型的なリズムとかけ声が入ったこのレコードは、全国的な評判を獲得。その後、戦前〜戦後を通じて〝阿波踊り囃子〟〝阿波よしこの節〟と名前を変えつつ再レコーディング／発売され、阿波おどりの認知は全国区になっていった。

〈高円寺ばか踊り〉としてスタート

そんな阿波のリズムが高円寺に辿り着いたのは昭和三二年、第一回目の高円寺阿波おどりが開催された夏のことだった。ただし、一回目から六回目（昭和三七年）までの名称はなんと〈高円寺ばか踊り〉。その運営を担っていたのは、三〇代を中心とする商店街の青年会だった。

森田昇栄《しょうえい》さんは、当時を知る数少ない関係者のひとりだ。大正一五年に生まれた森田さんは、阿波おどりのメイン会場のひとつである高円寺パル商店街で長年営業を続けている〈そば茶屋〉の店主であり、葵新連《あおいしんれん》の連長。スタート当時から運営の中心人物として奮闘し続けてきた、高円寺阿波おどりの生き証人である。

森田さんの生まれは東京・千駄ヶ谷。昭和二〇年の東京大空襲の影響から戦後まもなく高円寺に移り、昭和二五年、現在の場所に〈そば茶屋〉を開いた。

「戦前の高円寺は大きな繁華街として名前が通っていたらしいんですけど、ここも空襲で一度焼けちゃってるんですよ。この商店街も駅から途中までは丸焼け状態だったと思います」

森田さんが話すように、中央線沿いの一部の繁華街は都心から焼け出された人々や地方から上京してきた人々にとっての新たな居住地となっていたという。当時の状況について、東京高円寺阿波おどり振興協会理事にして飛鳥連の連長でもある冨澤武幸さんはこう説明する。

「高円寺に先祖代々住んできたという方はまずいないんですよ。ここは関東大震災以降に栄えてきた町なので、二代～三代前に東北や北陸、中部地方から出てきた方が多い。そういった方々は故郷の祭りを置いて高円寺に出てきたので、自分たちの〈祭り〉を必要としていたと思うんですね」

さまざまな地方出身者の集合体だったこと――後に阿波おどりが移植される際、高円寺のこうした背景が大きな意味を持つことになった。

昭和二九年には隣駅である阿佐ヶ谷で七夕まつりがスタート。高度経済成長期が始まったばかりの当時、隣駅の盛り上がりは商店街の血気盛んな若者たちのライバル心に火を点けた。そうしたなか、昭和三二年には高南商盛会（現・高円寺商店街振興組合）内に青年会が誕生する。

「町を盛り上げるため、若い連中が中心になって青年会を作ったんですね。その結成のイヴェントとして何かしようということになった。でも、お神輿は高くて買えないし、盆踊りの櫓を組むにしても狭い商店街ですから場所がない。そのなかで魚屋さんの茂木さんという方が〈四国の徳島では踊りながら道を練り歩く祭りがあるらしい〉と言いだしたんですね。〈それだったら狭い商店街でもできるし、ちょうどいいんじゃないか〉ということで阿波おどりをやることになったそうなんです」（冨澤）

昭和四〇年代以降、爆発的に拡大

そうして始まったのが昭和三二年の〈高円寺ばか踊り〉だったわけだが、まだまだ本場・徳島に関する情報が少なかった時代のこと。スタート当初のばか踊りはさまざまな勘違いや誤解も含んでいたようだ。例えば、踊り手たちはなぜか白塗り。当時の写真を見ると踊り手たちの表情もどこか照れくさそうだ。

写真提供：東京高円寺阿波おどり

「阿波おどりのことなんて誰も知らなかったもんだから、踊るときは化粧をするもんだと思ってたんですよ。そのうち〈どうやら徳島じゃ誰も塗ってないらしいぞ〉と気づいたんです。踊り方だって誰も知らないから、商盛会の人たちがにわか先生になっててね。何も知らない若い連中ばかりが集まろうとしたもんだから、太鼓の叩き方も知らないわけで、外でどうやって音を鳴らすべきか分からなかった。それで当日になってちんどん屋を呼んだんです」

森田さんが話すように、昭和三二年の一回目の鳴りものはちんどん屋が担当。しかも阿波おどりのリズムではなく、新潟の代表的な民謡〝佐渡おけさ〟が演奏されたというからおもしろい。昭和三三年の二回目では、リヤカーに積んだテープレコーダーで阿波おどりの音源をプレイ。踊り手たちはまだ白塗りだったが、阿波のグルーヴに合わせて町を練り歩くという本場のスタイルに一歩近づいた。

なお、僕はかつて「阿波おどりがカーニヴァルだとすれば、河内音頭はサウンドシステムだ。前者は町全体をジャックするが、後者はひとつの場にエネルギーの渦を作り出す」というようなことを書いたことがあるが、リヤカーに小型サウンドシステムを積んで練り歩くというそのスタイルには、中南米のカーニヴァルとの類似性を改めて指摘したくなる。

昭和三八年の七回目からは〈高円寺阿波おどり〉に名称を変更。その後幾度となく開催を危ぶまれながらも、高円寺の顔として広く認知されるようになっていく。

「阿佐ヶ谷や中野には街頭で踊るようなお祭りはなかったもんですから、物珍しさから人が集まったのかもしれませんね。外で踊るお祭りにしても踊り手が舞台に上がって踊るだけで、お客さんはその前で見てるだけ。そういうお祭りはいろいろありましたよ。櫓があって、〝東京音頭〟がかかるようなお祭り。阿波おどりはそういうものじゃなかったから珍しがられたんでしょうね」（森田）

先述したように高円寺阿波おどりは商店街の活性化事業の一環として始まったわけだが、集客に関する一定の成果を達成することによって、今度は阿波おどりの技術や理念そのものを突き詰める動きが出てくる。そのことにより、高円寺の祭りはあくまでも自己流の〈ばか踊り〉から脱し、本場・徳島のスタイルに忠実な〈阿波おどり〉へと進化を遂げていく。

昭和三九年には森田さんが単身徳島を訪問。有名連の踊りを八ミリ・フィルムに収め、それを貴重な教科書として高円寺へと持ち帰った。以降、中心メンバーが徳島へと遠征して修行を重ねたほか、現地より講師を招いて教えを乞うなど、徳島との関係を急速に深めていくことになる。

「最初の七、八回は町おこしとしてやっていたわけですけど、そのなかから森田さんのように純粋な楽しみとして阿波おどりを始める方が出てきた。趣味というか、生活の一部として阿波おどりに取り組む方が出てきたんですね。そういうスタンスが共感を得て、一気に連が増えていくんです。単に楽しいからやっていたわけで、文化的な意義なんてものは皆さん意識していなかったと思いますけどね」（冨澤）

そうしたなか、昭和四二年には徳島・葵連の姉妹連として葵新連が創立される（創始者は森田さん）。四四年には現在のメイン会場となる高南通りが完成し、祭りの規模も爆発的に拡大していく。

「もともと商店街の幅もそんなに広くないし、これじゃそんなに人に来てもらってもロクなものは見られないんですよね。それでわれわれ考えまして、ちょうど駅から続く広い道ができたもんだから、あっちでも踊れるようにしようと。そうすると向こうの商店街の人も参加するようになって、どんどん規模が大きくなっていったんです。前はパル商店街を行き来するだけだったのが、南口をぐるりと回ることになってね。そのなかで新しい連が十ぐらいすぐできちゃったんです」（森田）

焼け野原の町に生まれた郷土芸能

高円寺阿波おどりは祭りを使って町おこしに成功した一例として取り上げられることも多い。

イタリア語
ワイン教室
ROYAL GARDEN
ブルースカイ
3F
腹八分目
2F
ハッピーエンジェル

事実、昭和四〇年代以降になると、高円寺の成功に続けとばかり関東各地で阿波おどりが開催されるようになり、現在では夏ともなればそこら中で阿波おどりが開催されるようになった。

だが、たとえ商店街の活性化事業からスタートしたとしても、高円寺における阿波おどりとは単なる経済発展のためのツールではなかった。そこには阿波のグルーヴが持つ爆発的なエネルギーがあり、祭りが持つ根源的なエネルギーがある。

江戸時代のある時期、徳島では農民一揆に発展する恐れがあるとして阿波おどりが規制されていたというが、たしかに阿波おどりは〈ええじゃないか〉的とも言えるアナーキーなエネルギーも内包しており、そのことを当時の支配者たちもはっきりと理解していたのだろう。暴動への着火材ともなりうる祭りのグルーヴ――それはたとえ阿波から他の地へと移植されたとしても、そう簡単に力を失うものではなかった。町おこしとして始まった高円寺阿波おどりに少しずつ人々が巻き込まれ、その豊かなリズムに魅了されていったプロセスは、阿波おどりが元来持っていたエネルギーの強さを証明しているようにも思える。

また、空襲で焼かれた後に形成された高円寺のコミュニティーにとって阿波おどりは〈地域の新たな祭り〉でもあった。先ほどの冨澤さんの発言を再び引用するならば、「ここの方々は故郷の祭りを置いて高円寺に出てきたので、自分たちの〈祭り〉を必要としていた」のである。

高円寺で活動する連の演奏を収めたコンピレーションCD『ぞめき壱　高円寺阿波おどり』（二

〇一〇年）を手掛け、僕に阿波おどりの魅力を叩き込んでくれた音楽プロデューサー、久保田麻琴さんは、レゲエを例にひきながら徳島と高円寺の関係を「徳島はジャマイカ、高円寺はイギリス」と説明してくれたものだった。

レゲエの故郷は言うまでもなくジャマイカである。それがジャマイカをはじめとするカリブ各島からの移民が数多く住むイギリスへと移植された途端、イギリスの鬱《うつ》々とした空気が反映された独自のレゲエへと形を変えていった。先にも触れたように、こうしたローカライズ（地域化）はレゲエに限らず、大衆音楽が原産地から別の地へと移植される際によく見られる現象だが、阿波おどりでも同じことが起きる。徳島で熟成された阿波おどりのスタイルもまた、遠く離れた高円寺の地に移植されたことによって新たなオリジナリティーを獲得していくことになった。

「徳島と高円寺では間の取り方やアクセントが違うんです。それは方言のアクセントによって違うと思っていまして、それによって手の動きも変わってくる。いくらオリジナルを真似しようとしても無意識のうちに違ってくるんですね」（富澤）

振り返ってみれば、高円寺に阿波おどりが持ち込まれてから随分と長い月日が経った。ここまで続けば、紛れもない伝統の祭りである。その点において、高円寺阿波おどりは焼け野原の町に生まれた郷土芸能とも言えるかもしれない。阿波おどりは今や高円寺の人々のプライドであり、アイデンティティーでもあるのだ。

東日本大震災以降の祭り

時代が変わればコミュニティーのあり方も、祭りのあり方も変わる。冨澤さんはこう話す。

「高円寺でも商店街の店主が祭りを手伝えなくなってきてるんですね。昔は各店が寄付金や人手を出してくれたんですが、最近増えてきたチェーン店やフランチャイズは出せないんです。それと高円寺も児童数が減りつつあって、今年の六年生は一学年三〇人を切ってしまった。そのうち阿波おどりをやってる子は三人。その他の子に阿波おどりの印象を聞いてみると、〈人ごみがイヤだ、ゴミが散らかるからイヤだ〉とマイナスのイメージばかり口にするそうなんです。それで先生から〈阿波おどりの本当の姿を話してほしい〉と言われまして、私も学校で話してきたんですね。〈阿波おどりを一回体験してほしい、お祭りを通して自分たちが住む町を知ってほしい〉と。ひょっとしたら、そういうことを続けていくことで阿波おどりの裾野が広がっていくんじゃないかと思ってるんですよ」

震災以降初開催となった二〇一一年度は自粛ムードのなか、開催時間が午後三時〜六時に変更された（通常は午後五～八時）。震災以降、祭りの意味に変化はありましたか？　そう訊ねると、冨澤さんはこう話してくれた。

「祭りに対する高円寺の人たちのコミットが深くなった気がします。自分とその土地の結びつきを意識するようになったんじゃないでしょうか。震災前から終身雇用が崩れ始めていますし、そのなかで自分の居場所を模索してる方も多いと思うんです。そのなかで連の意味が増してるように思うんですね。夏が近づくと週に何度も顔を会わせるようになるわけで、連のなかでの人間関係は濃密なものなんです」

現在の高円寺阿波おどりの規模は連が一五〇以上、観客数は一〇〇万人にも及ぶ。阿波おどりというこの国最強のダンス・ミュージックは、徳島という故郷から遠く離れながら、人々の奥底に眠る祭りのスピリットに火を点け続ける。

（森田昇栄さんは二〇一五年一〇月一九日、八九歳で亡くなられました。ご冥福をお祈りいたします）

【参考文献】

●『踊れ高円寺 人が創り街が育む五十年』（東京高円寺阿波おどり振興協会）

●『ぞめき壱 高円寺阿波おどり』ライナーノーツ（ABY RECORD）

コラム5

阿波おどりは音楽以上の何か、太鼓は楽器以上の何か

――東京天水連お囃子部長・上山孝司さんに聞く

徳島の阿波おどりには徳島のスタイルがあり、高円寺の阿波おどりには高円寺のスタイルがある。徳島が阿波おどりの本場であることは高円寺の人々誰もが認めるところだが、かといって高円寺が徳島の二番煎じというわけでは決してない。

高円寺の数ある連のなかでも際立ったオリジナリティーを誇り、多くのファンを獲得しているのが東京天水連だ。一九八五年に結成されたこの連の特徴は、大音量を叩き出すお囃子隊とダイナミックな踊り手たち。なかでもお囃子隊は強烈だ。大音量渦巻く高円寺阿波おどり当日であっても、東京天水連の音は遠くからでもすぐに分かるほど特徴的で、なによりも大きい。徳島の苔作が切り拓いた一拍子と〈正調〉と呼ばれる通常の二拍子のリズムを自由自在に行き来する独自のスタイルを打ち出しているのも東京天水連の特徴と言える。

そんな東京天水連の囃子方をまとめる〈お囃子部長〉を務めているのが、昭和四九年生まれの上山孝司さんだ。上山さんの奥様と娘さんも東京天水連の連員だそうで、上山家の生活はまさに阿波おどり一色。上山さんも「子供と一緒に自分が好きなことをできるなんて、こんな贅沢なことはないですよね」と笑う。

ここではそんな上山さんに東京天水連のお囃子について話を伺いながら、阿波おどりにおける囃子のあり方について考えてみたい。なお、副連長兼男踊り部長の市東妙子さんにも同席いただいた。

全力でやった先にあるものを求めてやってる

――上山さんが東京天水連に入ったのは何年前なんですか。

「一二年ぐらい前です。当時高円寺に住んでたんで、阿波おどりのことは知ってたんですね。ただ、ちゃんと見たことがなくて。ルームシェアしていた友達が先に東京天水連に入ったというんで、まず練習を見に行ったんです。自分も和太鼓を叩いてみたいという気持ちがあったし、それがきっかけで東京天水連に入ることになりました」

――東京天水連に入る前には音楽をやってたんですか？

「もともとバンドマンで、メタルをやってました。年齢がいってきて、他のメンバーも辞めると言い出して。そういう時期に東京天水連の練習に行って。これは両立できることじゃないなと思って、バンドは辞めました。天水を続けるために就職して、身を固めたんです」

――バンドのときは何のパートをやってたんですか？

「ドラムとヴォーカルですね」

――東京天水連の練習に参加してみて、どう思いました？

「最初に思ったのは、〈これは音楽じゃないんだな〉ということ。（音楽活動の）経験者はまず上の人たちから言われるんですよ。〈阿波おどりは阿波おどりであって、踊りが主体。それが分からないのは太鼓を楽器としか捉えられていない証拠だ〉って。そこが新鮮だったんですよ。ただリズムをキープしていればいいわけじゃなくて、踊り手のことやそのときの状況、周囲の空気を読んで打ち方を変えていかなきゃいけない。同じステージは二度とないんです。そこが毎回おもしろくて」

――バンドのときとは何もかも違っていたと。

「そうですね。あと、連員の職業も年齢もバラバラじゃないですか。そういう人たちが阿波おどりのために集まって、同じ価値観のもと一丸となる。他じゃ経験できないことなんですよね。しかもそうやって演奏したあと、ご老人の方が〈元気をもらいました〉なんて言ってくれる。そういうことはバンドのときに経験したことがなかったんですよ」

――ドラムをやっていたことは阿波おどりをやる上でアドヴァンテージにならなかった？

「最初から大太鼓だったんです。大太鼓ってドラムと違って背負って叩くので、ドラムみたいに（バチを）真下へ振り下ろすんじゃなくて、（打面に対して）横から叩くんですよね。だから、力の入れ方が全然違う。しかもウチの場合は思いっきり叩くんです。最初は叩きづらくて仕方なかった」

――身体の使い方が違うわけですね。

「そうなんです。（バチを）振り下ろすのであれば、コツが分かればすぐにできるんですけど、横からはなかなか難しい。腰と下半身を使って叩かないと、重い音が出ないんです。手打ちの音って聴けばすぐ分かるんですよ」

――音量だけの問題ではない？

「大きな音自体はすぐ出せるんです、パーンっていう大きな音は。でも、遠くに届くズドーンという重い音は下半身を使って叩かないと出ない。調子のいいときは叩いていても自分で分かるんですよ。〈あ、今入ったな〉っていう。上の人たちはそのコツが分かってるんですけど、自分はまだまだ探り探りですね」

――高円寺だけでも阿波おどりの連はたくさんあるわけですけど、そのなかでも東京天水連の特徴って何だと思いますか？

「〈全力〉ということでしょうね。練習やリハーサルのときからみんな汗だくでやってる。〈馬鹿だねえ！〉というぐらいの全力（笑）。練習だということは分かってるんですけど、やり始めると全力になっちゃう。技術うんぬんじゃなく、全力でやった先にあるものを求めてやってるんでしょうね」

――そこは上山さんが入った一二年前から変わりませんか。

「うん、変わらないですね。先輩の方々もそういう人たちばかりでしたし、自分も先輩を超えたいと思って叩き続けてきたので。たとえドヘタでも誰よりも叩いてやろう、そういう気持ちで叩いてきました」

踊りあっての太鼓、本来は切り離せない

――リズムに関してなんですけど、東京天水連の囃子は一拍子と二拍子を行き交うスタイルですよね。

「もともとは二拍子の連だったんです。連の運営を成り立たせるためには（イヴェント）出演が重要になってくるんですけど、当初はどうも営業の本数が伸びなかった。それで一拍子を採り入れたという話は聞いています。ただ、東京天水連の考え方としては、阿波おどりに一拍子も二拍子もないということ。人によっては〈二拍子こそが阿波踊り〉という人もいるけど、ウチは一拍子も二拍子も阿波おどりであって、本当に好きなヤツがやってれば阿波踊りになる、そういう考え方なんです」

――一拍子を採り入れるようになったのはいつごろなんでしょうか。

「創設して七、八年目ぐらいにはやってたと聞きました。最初は大変だったと聞きましたね。踊り手からすると二拍子から一拍子に変わるというのはすごく抵抗があるみたいで、〈一拍子をやるんだったら辞める〉という人もいたみたいです」

市東「立ち上げのときは速い二拍子をやってたんですね。他の連と差別化しなきゃいけないということもあったんでしょうし、二〇代前半の連員で構成されていたということもあったんでしょうけど、とにかく速い二拍子をやってたと。でも、そのうち就職だなんだで連員が減ってしまって、何かの売りを作らないと連員も増えないし出演が増えない。ということで、一拍子をやるようになったそうです。一拍子も二拍子もどちらもできたほうがいいだろうという上の考えもあったみたいですし、あとは時代の流れとして一拍子が求められるようになったということもあると思い

ます」

――一拍子と二拍子両方を演奏する連は他にもいますが、東京天水連のリズムチェンジは独特ですよね。ちょっとバンドっぽいというか。

「確かに微妙にリズムを変えていって、無理矢理一拍子から二拍子に変わるというああいうやり方はするところはあまりないでしょうね。二拍子も速く叩くと一拍子っぽくなるので、そのへんを意識しつつ徐々に変えていくという感覚でやってます。ただ、その変わり目にしてもはっきりとした合図があるとおもしろくなくなっちゃうので、みんなで何となく変わっていくような形がベストなんですよね」

――リズムチェンジをコントロールするのは鉦の役目なんですか?

「そうですね。鉦が指揮者の役割を務めていて、鉦は踊りやお客さんを見ながら少しずつ変えていく。踊りの疲れ方や全体の空気を読むのも鉦の仕事ですね。盛り上げようというときには一拍子になるし、雰囲気を変えようというときはリズムを変える。あと、踊り手のなかには〈速くしてくれ！〉という変化を要求する踊りを踊れる人がいるんですよ」

――アイコンタクトということ？

「アイコンタクトの場合もあるし、踊りで伝えてくれるんです。自分も昔はそんなことを見る余裕もなかったんですけど、太鼓は踊りを見ろ！　と上から口を酸っぱくして言われ続けてきたので、キツイながらも踊りを見ながら叩くようになった。そうすると、踊り手が伝えようとしていることも徐々に分かるようになってきたんですね」

――やはり、何はともあれ踊りありき、なんですね。

「そこは基本ですね。自分らにしても踊りがいないと叩きにくいんです。経験を積んでくると踊りのイメージを共有しながら叩くこともできるんですけど、そのイメージがないままに叩いてしまうと太鼓が〈楽器〉になってしまうし、おもしろくない」

――単なる楽器ではなく、楽器以上の何か？

「うん、やっぱり踊りあっての太鼓であって、本来は切り離せないものですから。だからこそ、連によって同じ一拍子でも違うし、そこがおもしろいんだと思います」

高円寺を越える感動を体験したことがないんです

――現在の連員数は？

「トータルで四〇人ぐらいですね。今は踊りよりもお囃子のほうが多いんですけど、時期によっては女踊りが多いときもあるし、いろいろです。ウチは連員からの会費じゃなくてイヴェントの出演料で運営してるんで、祭り以外の出演も結構多いんですよね。仕事との両立はそれぞれに苦労しているとは思います」

――平均年齢は？

「若い人は少ないですね。一番若いとなると（横にいる娘さんを指して）彼女だと思いますけど（笑）、お囃子隊に二〇代はいないです。とっつきにくいのか分からないですけど、若い人はあまり入ってくれない」

――でも、高円寺の阿波おどりを見ていると、東京天水連はものすごく人気がありますよね。

「高円寺では盛り上がってくれるんですけど、誰も（練習の）見学には来てくれないんですよ（笑）。ハードなイメージがあるんでしょうね。本当は若い人に入ってもらって、底上げしてもらうのが理想。やっぱり年齢的に厳しくなってきますし」

――高円寺の場合は叩きながら練り歩くわけで、そうとうハードですよね。

「そうですね。ただ、大太鼓が厳しくなったら締め太鼓に移ることもできますし、裏方に移ることもできる。阿波おどりのなかで男踊りが一番厳しいと言われるんですけど、ウチには七四歳で男踊りをやってる女性もいますから（笑）。たとえ身体が動かなくなったって裏方として関わることもできる。そうやっていくつまでも続けることができるわけで、そこが阿波おどりのいいところですよね」

――東京みたいな都会だと特に、幅広い年齢の人たちが一緒に何かをやるっていう機会もなかなかないですよね。

「そうですよね。子供の相手をしてくれる人がすぐそこにいるわけで、自分らも助けてもらってるんです。本当にありがたいことだと思います。だから、阿波おどりって音楽的要素もありますけど、人と人の繋がりというのがものすごく重要で、音楽であって音楽でないようなところもあるんですよね」

――どんなリズムを鳴らすか、どんな演奏をするかという技術的なことよりも、人同士の気持ちの部分。

「うん、そうですね。だからこそ、聴いてる人から〈元気もらいました〉と言ってもらえると嬉しいんですよね。伝わったんだなと思えるし、やってて良かったと思える。あとは仲間の存在ですよね。いくらうまくてもひとりじゃ阿波おどりはできない。みんなで今日は良かったねという思いが共有できると、なお最高ですね」

――ところで、高円寺阿波おどりの二日目の最後、エンディングの熱気は毎年すごいものがありますよね。あのときのみなさんの心境はどのようなものなんですか。

「あの二日間のために一年間ずっと練習してくるわけだし、あそこで一年間が終わりになるわけですよね。だから、そこで出し切らないとまた一年間悶々と後悔することになる。そこで出せる最高のものを出し切るしかないんです。格好うんぬんじゃなく、やり遂げようという気持ちがみんなひとつになるんですよね。お客さんにもそういう思いが伝染して、ああいう雰囲気になるんでしょうね。自分らにとっても高円寺の二日間は特別ですから。辛いことがあっても、自分にとっては高円寺を越える感動を体験したことがないんですね。だから、いくら怒られてももっとやりたくなる。毎年その連続ですね」

今後の東京天水連について話が及ぶと、上山さんは力を込めてこう話す。

「あとは若い人に入ってもらえれば（笑）。阿波おどりが好きで好きで仕方ないという若い人に入ってほしいですね。馬鹿になれる人を募集してます（笑）」

というわけで東京天水連は連員を随時募集中。詳細は東京天水連のホームページ（tokyo-tensuiren.jp/）で。

⑧

海を渡った〈踊る阿呆〉のDNA

徳島・阿波おどり
～熊本・牛深ハイヤ節（前編）

（2011年8月13日）

徳島・阿波おどりは毎年8月12日から15日にかけて開催され、130万人以上もの来場者を誇る日本有数の祭りのひとつ。ＪＲ四国・徳島駅周辺で行われるものが全国的にも有名だが、徳島県内でも鳴門市、阿南市、三好市など各市で開催されている。徳島市の阿波おどりに関するインフォメーションは徳島市観光協会など各関連団体・協会まで。

喧噪の渦に放り込まれる巨大夏祭り

二〇一一年八月一三日、僕は徳島阿波おどりの真っただ中にいた。街全体を揺さぶる太鼓と鉦の激しいリズム。祭りの高揚感に煽り立てられるかのように上気した表情で忙しなく行き交う人々。天候は晴れ、夜になっても立っているだけでじっとりと汗ばんでくるほどに蒸し暑い。まさに熱帯夜である。

徳島の阿波おどりでは誰もが傍観者のままではいられない。打ち鳴らされる太鼓と鉦のリズムに飲み込まれ、その一部となることで、僕はリズムの底に沈殿する遙か昔の阿波人の息づかいやざわめき、汗、心拍音、笑い声、怒号を追体験していた。そうした人の気配がポリフォニーのように折り重なり、時空を飛び越えたオーケストラとして僕を包み込む。ふと目を瞑れば、僕と同じように阿波のリズムに包囲され、茫然自失状態で立ちすくむ百年前の誰かの姿が脳裏に浮かぶ。

言うまでもなく、阿波おどりは日本を代表する祭りである。〈阿波おどり〉と聞けば具体的なイメージが思い浮かぶ人も多いだろう。優雅かつダイナミックなステップを踏む男女。〈踊る阿呆に見る阿呆/同じ阿呆なら踊らにゃ損々〉という例の掛け声。一糸乱れぬ踊りの列。

それらの光景は〈徳島の夏の風物詩〉という大文字の記号に集約され、紋切り型の表現とともにお茶の間に届けられる。だが、メディアを通して伝えられるのはごく一面にすぎない。阿波おどりの魅力は多面的で、尋常ならざる凄みを持っている。

徳島阿波おどりは毎年八月一二日から一五日にかけての四日間、ＪＲ徳島駅南側の広いエリアで行われる。訪れる観客の数は約一三〇万人、踊り子だけでも実に約一〇万人を越えるというから、日本有数の巨大夏祭りと言ってもいいだろう。

阿波おどりそのものについては高円寺阿波おどりを取り上げた前章でも触れたが、ここでは阿波おどりの成り立ちについてもう少し突っ込んで紹介しておこう。

〈鳴りもの〉と呼ばれる楽器隊を構成するのは、コンダクターの役割を務める鉦、約十キロもの重さの大太鼓、ドラム・セットにおけるスネア・ドラムにあたる締太鼓、リズムにヴァリエーションを加える鼓《つづみ》、そして上物《うわもの》にあたる三味線と笛。

連によっては笛や鼓がいないこともあるほか、締太鼓の代わりに本当にスネア・ドラムが使われることもある。基本のリズムはシンプルな二拍子だが、後述するように、近年ではリズムにもヴァリエーションが増えている。

踊りには〈おんな踊り〉と〈おとこ踊り〉の二種類がある。〈おんな踊り〉の衣装は編み笠と下駄、そして艶やかな着物がトレードマークだ。それに対して〈おとこ踊り〉は法被《はっぴ》ないしは浴衣が目印で、ステップは勇壮かつ男性的。なお、女性が〈おとこ踊り〉を踊ることも珍しくない。大地を踏みしめながら〈おとこ踊り〉を踊る阿波女の姿も実に格好いいものである。

徳島阿波おどりがスタートするのは夕方六時。夜一〇時までの四時間、徳島市中心部は喧噪《けんそう》の渦のなかに放り込まれることになる。メインの会場は徳島駅の南側に点在する四か所の有料演舞場と二か所の無料演舞場。〈演舞場〉といってもステージがあるわけではなく、道の両側を桟敷《さじき》席に挟まれた数百メートルの路面会場のことを指す。有料の桟敷席に座っていれば、しっかりと練習を積んだ踊り子たちと鳴りもの隊が次々に登場し、目の前で見事な演舞を披露してくれるというわけである。このシステムは南米のカーニヴァルと同じだ。

徳島阿波おどりがメディアで紹介される際、この桟敷席ないしは無料演舞場から撮影された写真／映像が使われるケースが多い。そのため、僕は桟敷席に座った瞬間〈この風景、テレビで観たことがある！〉という不思議な既視感を感じたものだった。言うまでもなく、この演舞場で披露される演舞も大変素晴らしい。一糸乱れぬ演舞には厳しい練習を耐え抜いてきたからこその美しさがある。華やかで、心が浮き立つようなリズムがあり、阿波おどりの文化的豊かさを心ゆくまで堪能することができる。

しかしながら、演舞場の外にはさらに驚くべき光景が広がっていた。

そして、僕はそこで〈トラウマ級の体験〉をすることになるのである。

オーセンティックな〈二拍子〉と急速に勢力を拡大している〈一拍子〉

二〇一一年六月、阿波おどりの鳴りもの隊による演奏を収めた二枚のアルバムがリリースされた。『ぞめき弐 徳島阿波おどり 正調連』『ぞめき参 徳島阿波おどり 路上派』と題された二作品のプロデュース／レコーディングを手がけたのは、音楽プロデューサーの久保田麻琴さんである。『正調連』のほうには演舞場を主戦場とする娯茶平《ごぢゃへい》や蜂須賀連などの連を収録。いわゆる阿波おどりのイメージに近いのはこちらのほうだろうが、久保田さんのレコーディングだけに博物館向けのアーカイヴ音源とは異なり、低音の唸りや臨場感が生々しく記録されている。

問題はもう一枚の『路上派』だ。

阿波おどりに対して一定のイメージを持っている方であればあるほど、こちらに収録されたただならぬグルーヴに圧倒されることだろう。先ほど「〈阿波おどりの〉基本のリズムはシンプルな二拍子」と書いたが、『路上派』に収められた連の演奏は二拍子のリズムを高速化したもの。誤解を承知で書いてしまえば、その演奏はより乱暴で無鉄砲。二拍子というよりも〈一拍子〉に聴こえてくるほどのパンキッシュなグルーヴである。そして、近年になってこの〈路上派〉のリズムが全国各地の連の間で急速に勢力を拡大しているのである。

久保田さんはこの二枚のアルバムでオーセンティックな鳴りもののスタイルと、〈路上派〉と名付けられた阿波おどりのニューウェイヴを対比させたわけだが、久保田さんも認めるように、この両者を厳密に区別することはできない。なぜならば〈正調連〉から枝分かれした連が〈路上派〉的なグルーヴを叩き出しているケースもあるし、〈正調連〉のなかにも〈路上派〉調の直情的な演奏を聴かせる連があるからだ。

ただしはっきりと言えるのは、阿波おどりのリズムにはいくつものスタイルがあり、そのなかには常にスタイルを進化させている現在進行形の連もあるということ。

そして、そのことが何よりも僕を阿波おどりに惹きつけることになったのである。

〈路上派〉の王者は苔作《こけさく》だ。

『ぞめき参 徳島阿波おどり 路上派』のライナーノーツによると、創立は昭和四二年。正調系の連出身のメンバーが創立したそうだが、当初は楽器が揃わなかったために数枚のフライパンとスネア・ドラムをひたすら叩き続けていたという。

〈太鼓や鉦は高くて買えないから、とりあえずフライパンでも叩くか〉なんて、ほとんどパンク・バンドのノリではないか。そういえば、激しい〈一拍子〉のリズムは蒸気機関車の蒸気音をモチーフに生まれたという噂を耳にしたこともあるが、それもまた阿波おどりのニューウェイヴらしい逸話である。

ちなみに、苔作は自分たちのことを〈連〉とは呼ばない。〈連〉ではなく、〈苔作〉。他の連と自分たちは違う、というプライドがそこからも窺える。

〈路上派〉の王者、苔作!

二〇一一年の徳島で僕にトラウマ級の衝撃を与えたのは、まさにこの〈路上派〉の王者、苔作だった。

彼らの主戦場は演舞場ではない。徳島市中央部を流れる新町川にかかる橋、両国橋から百メートルほど入ったところにある食料品店〈大岩食品〉前のエリアだ。要するに路上のド真ん中である。観客は彼らを囲むように大きな輪を作り、その中心で苔作がパフォーマンスを披露するのだが、この輪のなかに生まれる緊張感と期待感がゴチャ混ぜになった独特の空気を僕は忘れることができない。その模様をちょっと実況してみよう。


——同じ日に徳島入りしていた久保田麻琴さんから〈○時○分から大岩食品前で苔作がやるらしい〉という情報が入る。早速駆けつけてみると、苔作の姿は見えないものの、情報を聞きつけた数名の熱狂的苔作ファンが早くも場所を押さえている。待つこと数十分、少しずつ大きくなっていく人々の輪のなかに苔作のメンバーがやってきた。パンチ・パーマでキメた人もいれば角刈りやスキンヘッドの人もいて、全員そうとうにイカつい。観客に対して愛想笑いを振りまくメンバーなどひとりもおらず、見た目はほとんどライヴ直前のハードコア・パンク・バンドのようだ。

また、客の輪のなかに折り畳み椅子が並べられていたことを不思議に思っていたのだが、苔作のメンバーの準備が整ったタイミングで、地元の〈顔役たち〉が案内役にエスコートされてその〈特等席〉にどっかりと腰を下ろした。彼らの横には艶やかな着物姿で着飾った芸妓の姿。この世のものとは思えぬ美しさからたまらずカメラを向けると、扇子でスッと顔を隠されてしまった。そ

殿様連

BAR
2F
七彩

の一瞬の所作《しょさ》がまた浮世離れした美しさで、僕はハッと息を飲んだ。

観客の期待が頂点に達したころ、ようやく苔作の演舞がスタートした。全体をリードするのは撞木《しゅもく》と呼ばれるバチで叩かれる鉦の高音と、締太鼓の乾いたビート。苔作の場合はそこにスネア・ドラムが加わる。締太鼓と比べてスネア・ドラムの音色のほうが断然シャープであり、そのためリズムのキレが増す。

圧倒的なのはやはり数台の大太鼓が叩き出す重低音だ。

パンチパーマでキメたイカつい男たちが力のかぎり巨大な大太鼓を叩き続けるわけだから、その音量は他の連とは比べものにならない。僕などは勢い余って大太鼓集団のすぐ近くに陣取ってしまったものだから、目の前で空を切るバチにぶつかってしまわないかと冷や冷やしながら演舞を見つめていた。

〈ドッカドッカドッカドッカドッカ!!〉……蒸気機関車の蒸気音のように、もしくは鳴門海峡でトグロを巻く渦潮のように、押しては返すリズムが延々と鳴り響き続ける。そのミニマルなビートを浴びながら、僕は〈一拍子〉の迷宮に迷い込んでしまったかのような感覚に陥っていた。手拍子や笑顔が出る余裕もなければ、身体でリズムを取る余裕もない。余計な思考が少しずつ研ぎ澄まされ、その一方、心の奥底では言葉にできない感覚がジワジワと沸き上がってくるのが分かる。胸の奥から熱いものがこみ上げてきて、思わず〈凄い！　凄い！〉という言葉が洩れる。

苔作は踊りも素晴らしい。おとこ踊りの踊り子たちはもちろん、おんな踊りの面々もエネルギッシュで迫力満点だ。演舞場で観た連のように同じ振りで揃えるのではなく、本能の赴くままステップを踏んでいる。

一五分の演舞が終わった瞬間、輪のなかから大歓声が沸き起こった。「やっぱり苔作は凄い!」「格好よかった!」という声があちこちで上がる。

目の前で展開されたのは伝統の保存を目的にした郷土芸能ではなく、ここに生きる人々のエネルギーによって前進している現在進行形の芸能だった。二〇一一年の徳島の空間としっかりと結びついたリズムとダンスがそこにはあった。僕は〈一拍子〉の迷路から自由になった開放感と、凄まじいものを観たという興奮が混じり合った奇妙な感情を抱えながら、ユラユラと苔作とその一群を追いかけた。

苔作は大岩食品前だけでなく、キャバクラや酒場が立ち並ぶ歓楽街の一角でもゲリラ的に演舞を行う。狭いエリアのため客が作る輪の大きさは大岩食品前と比べるまでもないが、ストリート感ではこちらのほうが上。歓楽街のゲリラ・ライヴでも苔作は一切手を抜くことなく、鳥肌モノのパフォーマンスを披露してくれた。

なお、当然のことながら演舞場以外で演舞を繰り広げる〈路上派〉は苔作だけではない。竜美《りゅうび》や七彩《ひちさい》、眉月連《まゆつきれん》、華舞遊《はなぶゆう》などストリート感たっぷりのパフォーマンスで我々を魅了してくれる連は数多い。そのため、僕は二日間の徳島滞在中〈あっちで眉月がやってるらしい〉〈〇時から新町橋上で七彩が始まるそうだ〉〈大岩食品前の苔作は何時から〉という情報に右往左往しながら、夜の徳島市内を駆け回ることになった。

阿波の盆踊りの混血性――ルーツへ

そもそも阿波おどりはどのようにして生まれたのだろうか？　阿波踊りの起源について、観光客向けに紹介される三つの説を紹介しておく。

［1］築城起源説。蜂須賀家政が一五八七年に徳島城を築いた際、祝賀行事として城下の人々が踊ったもの。酒が振る舞われ、一種の無礼講として町人たちが踊り狂ったと言われている。

［2］精霊踊り起源説。阿波国では古くから各地で死者供養のための精霊踊りが行われていたが、それらが融合／分離しながら現在のスタイルが形作られたという説。

［3］風流踊り起源説。戦国時代の武将、十河存保《そごうまさやす》が阿波国の文化的中心地だった勝瑞城《しょうずい》で一五七八年に開催した風流踊りを起源とするもの。風流踊りとは戦国時代以降になって各地で本格的に踊られるようになった民衆舞踏で、化粧や扮装を凝らした集団が灯籠や造形物と共に行進する

というもの。

オフィシャルには［1］が定説とされているようだが、一五八七年に行われたのはあくまでも祝賀行事である。突然新たなリズムとステップがこの日に考案されることなどありえないし、それ以前からさまざまな踊りが阿波国では定着していたと見るのが自然だろう。

その意味では、阿波国各地で踊られていたいくつもの精霊踊りが時間をかけて融合し、長い時間をかけて阿波おどりが生まれる下地ができあがっていったとする［2］精霊踊り起源説がもっとも説得力があるように思える。そもそも阿波は人形浄瑠璃などの芸能が盛んな土地だ。なおかつ藍染め産業で大変潤っていたため、祭りを開催するための資金も豊富にあった。起源はどうあれ、大きな祭りを成立させるための条件は十分揃った土地でもあったのだ。

かつての阿波おどりの風景を知るうえで貴重な資料となるのが、江戸時代後期に描かれたいくつかの絵図だ。阿波国で踊られていた盆踊り絵図としては現存する最古のものとされているのが、蜂須賀家の御用絵師、鈴木芙蓉による『阿波盆踊図』（一七九八年ごろ）。

両手を頭のうえでヒラヒラと揺らしているようにも見える人物像は現在の阿波おどりにも近そうだが、和傘を手にした人物が描かれているのが興味深い。この和傘は一種の依代の名残なのかもしれない。頭には黒い頭巾をかぶった人々の姿も描かれているが、この絵図にはかつての精霊踊りのムードが濃厚に残っている。

また、『阿波盆踊図』から一〇〜二〇年後に描かれたと思われる絵図が『徳島盂蘭盆組踊之図』。タイトルにある〈組踊り〉とは各町内で揃いの衣装で着飾り、町同士で競い合うというもの。徳島の組踊りの場合は藍商人がそれぞれのスポンサーとなり、自慢の演《だ》し物や踊りを競い合ったほか、評判所と呼ばれる演舞場で踊りの審査も行われたというから、今の阿波おどりとも近いスタイルと言える。ただし、この組踊りはあまりに華美になりすぎたため、藩の取り締まり対象となり、幕末には伝統が途絶えてしまったという。

幅三五センチ、長さ六メートルにもおよぶ『徳島盂蘭盆組踊之図』には、そんな組踊りの光景が描かれている。絵巻の最初を飾るのは富田中園組による〈十二支踊〉。中心にドカッと置かれているのは、一二の干支《えと》が描かれた巨大な方位盤である。その周りを鳴りもの隊（三味線、鼓、太鼓、胡弓、笛）と踊子たちが取り囲んでいる。踊子たちの衣装は奇抜かつエキゾチックなもので、鮮やかな朱色の上下で固められた衣装は琉球風にも唐人風にも見える。この絵巻には、その他にも遊郭で人気を得ていたという拳踊り（これも大陸から長崎経由で持ち込まれた遊びだ）や歌舞伎などなど、各町組による豪華絢爛な演し物が描かれている。

なお、幕末までの阿波の盆踊りは組織化された組踊りやフリースタイル的な〈ぞめき〉など、いくつかの種類に分かれていたと言われる。天保年間（一八三〇—一八四四年）に描かれた大原呑舟《どんしゅう》の『阿波盆踊図』と、嘉永三年（一八五〇年）に吉成葭亭《よしなりかてい》が描いた屏風絵『阿波盆踊図屏風』という二枚の絵は、このうち〈ぞめき〉の模様を描いたもの。

どちらも躍動感に溢れた素晴らしい絵だが、特に『阿波盆踊図屛風』は凄い。人々の歌声と歓声が聴こえてくるような活き活きとしたタッチには、当時の阿波に息づいていたであろう風流の伝統を感じることもできる。また、ここで描かれている楽器の編成がおもしろい。三味線、締太鼓、鼓、そしてなんとチャルメラ。この国へと伝来した当初は唐人笛や南蛮笛とも呼ばれていたこの楽器が使用されていたという事実から、阿波という地の混血性が見えてくるような気もする。

では、これらの絵図に描かれた踊りの輪のなかでは、いったいどんなリズムが鳴り響いていたのだろうか？　当然のことながら当時の演奏は録音されておらず、残された資料と証言から推測していくしかない。その答えのヒントは徳島から遠く離れた九州最南端の地に隠されていた。（続く）

［参考文献］
●『ぞめき弐 徳島阿波おどり 正調連』ライナーノーツ（ABY RECORD）
●『ぞめき参 徳島阿波おどり 路上派』ライナーノーツ（ABY RECORD）
●三隅治雄、大島暁雄、吉田純子・編『四国地方の民俗芸能2』（海路書院）
●阿波踊りシンポジウム企画委員会・編『阿波踊り 歴史・文化・伝統』（第22回国民文化祭徳島市実行委員会事務局）

⑨ 天草の〈風待ちの港〉で阿波おどりのルーツと出会う

徳島・阿波おどり～熊本・牛深ハイヤ節（後編）

（2013年6月）

天草下島の最南端に位置する熊本県天草市牛深町は、古くから漁業が盛んな町であると同時に、古来より物資流通の拠点として賑わってきた。そのため県外からも多くの船乗りや労働者たちが出入りし、そうした環境のなかで〝牛深ハイヤ節〟などの歌が生まれた。毎年４月には牛深ハイヤ祭りが開催されておおいに賑わうほか、〝牛深ハイヤ節〟の継承を目的とした牛深ハイヤ節全国大会も行われている。

阿波おどり最大のキラー・チューン

踊る阿呆に見る阿呆／同じ阿呆なら踊らにゃ損々
阿波の殿様／蜂須賀公がいまに残せし盆踊
アーエライヤッチャエライヤッチャヨイヨイヨイヨイ

これは阿波おどりのテーマ・ソングとも言える〝よしこの〟のワンフレーズだ。徳島ではすべての連がこの一節を採用しているわけではないが（同じ〝よしこの〟であっても歌詞が異なる場合もある）、やはり阿波おどりと言えばこのフレーズだろう。

だが、〈かつての阿波おどりはこの〝よしこの〟だけでなく、九州から伝えられたとある歌でも踊られていた〉と聞いたら意外に思う方もいるかもしれない。舞台を徳島から九州に移す前に、江戸時代後期以降の阿波おどりの移り変わりを一度整理しておこう。

〝よしこの〟はもともと江戸時代後期の流行歌。町田嘉章・浅野建二・編『日本民謡集』によると、「（茨城は利根川流域の船頭唄を原型とし、その後、江戸の花柳界で流行した）〝潮来《いたこ》節〟の変化したものといい、文政のころから三都に行われ、上方では明治時代まで歌われた」という。ざっくりまとめてしまうと、茨城を発祥とする江戸後期の流行歌が上方経由で徳島に持ち込まれ、後に冒頭の徳島版〈よしこの節〉が確立されたというわけだ。

また、民謡研究家である竹内勉は『はいや・おけさと千石船』で「江戸時代末期から明治の初めにかけては、阿波おどりにこれといった定まった曲はなく、流行り唄ならなんでも利用していたのではないかと思われる」と書いている。当時の徳島では流行歌版／徳島版〝よしこの節〟のみならず、〝名古屋甚句《じんく》〟も歌われていたというが、注目したいのは大正時代のごく初期まで九州の〝はいや節〟が歌い踊られていたという点だ。

前章でも触れたように、吉成葭亭は屛風絵『阿波盆踊図屛風』で幕末の阿波に花開いた盆踊りの熱狂を瑞々しく描いた。それが明治〜大正時代に入ると盆踊りに対する政府の締め付けが厳しくなってしまったため、熱狂は一気に下火になる。徳島の盆踊りがようやく息を吹き返したのは昭和に入ってからのことだった。竹内によると、徳島の盆踊りが衰退した明治から大正にかけての時期、〝はいや節〟も徳島から姿を消してしまったという。『はいや・おけさと千石船』で竹内はこんな仮説を述べている。

「大正2、3年ごろに、徳島市内での阿波おどりがすっかり廃《すた》りかけたなかで、〝はいや節〟で踊る形のものは唄いづらくなったか忘れられるかして、それ以前から併用していた〝よしこの節〟に取って替わられ、踊りだけはそのまま残されたと思われる。そして、三味線を弾く人たちは、花柳界の姐さん方が中心だけに、〝よしこの節〟の伴奏では賑やかにならないことから、従来の〝はいや節〟の手を、二上がり調から三下り調にと変えたのだろう」

つまり、大正時代のある時期、〝よしこの節〟の伴奏に〝はいや節〟の三味線のフレーズが採用されるようになったのではないか、というのだ。確かに〝よしこの節〟の〈チャンカチャンカ〉という三味線のフレーズは、〝はいや節〟のそれと瓜二つだ。竹内説が正しいとすれば、〝よしこの節〟を〈日本最強のダンス・ミュージック〉へとアップデートしたのは花柳界の姐さん方ということになる。

徳島の芸妓だったお鯉さんが吹き込んだ〝徳島盆踊唄（よしこの）／徳島風景〟のレコードが全国発売されたのは昭和七年。それまで〈徳島の盆踊り〉と呼ばれていたものはこれ以降、〈阿波おどり〉として全国的に知られるようになる。

明治政府が規制しなくてはいけないほどにハチャメチャだった江戸時代の阿波の盆踊り。そのなかでも最大のキラー・チューンであり、後の阿波おどりに直接的な影響を与えたのが九州の〝はいや節〟だった。

阿波おどりの源流のひとつ、〝はいや節〟とは？

では、〝はいや節〟とは何か。僕はこの歌に阿波おどりの南方的なグルーヴの秘密が隠されていると考えている。引き続き民謡に関する込み入った話になるが、もう少しだけおつきあいいただきたい。

町田嘉章・浅野建二編『日本民謡集』において〝はいや（ハイヤ）節〟は〈長崎の唄〉に分類されている。同書から引用しよう。

「ハイヤ節の発祥地と目される（長崎県）北松浦郡田助港（現・平戸市）地方の酒盛り唄。元来ハイヤ節は明治の中期以前、帆船が日本の沿岸を航行していた当時の港々で船乗り相手の酌婦・遊女たちによって歌い囃されたお座敷唄で、その流行範囲はほとんど全国的である。西日本ではハイヤと発音するが、鹿児島と佐渡の小木ではハンヤ、東北地方ではアイヤもしくはアエヤとも歌う。曲名は〝ハイヤエー〟という歌い出しに基づく。発祥地としては田助港のほかに熊本県天草郡の牛深《うしぶか》港と鹿児島県出水郡の阿久根港が挙げられる」

長崎の田助港、熊本の牛深港、そして鹿児島の阿久根港。このあたりを発祥の地とし、船乗りたちによって日本各地に持ち込まれたのが〝ハイヤ節〟である。佐渡に渡っては〝佐渡おけさ〟となり、津軽では〝津軽あいや節〟の源流となった〝ハイヤ節〟は、まさに日本の民謡そのものの源流のひとつと言える大スタンダードなのである。

そんな各地の〝ハイヤ節〟のなかでも、僕の心をもっとも強烈に惹きつけたのが、熊本県天草市牛深に伝わる〝牛深ハイヤ節〟だった。

ちょっと余談ではあるが、僕がこの〝牛深ハイヤ節〟の存在を意識するようになったのは、この歌をモチーフとして作られたソウル・フラワー・ユニオンの〝海行かば 山行かば 踊るかばね〟(一九九六年)という曲に触れてからだった。バンド史上屈指のキラー・チューンにして、日本ロック史に残る名曲の心臓部に〝牛深ハイヤ節〟をモチーフとするフレーズが使われていたこと。そのことにより、僕の脳裏には以前から〈牛深〉という地名がしっかりとインプットされていたのである。

そのうえ、竹内勉はいくつかの〝ハイヤ節〟発祥地候補のなかでもとりわけ牛深を重要視していたようだし、牛深の観光課には先述した民謡研究の大家、町田嘉章の直筆による〈全国のハイヤ系民謡のルーツは、ここ牛深ハイヤである〉という色紙も保管されているというではないか。

そんなわけで、二〇一三年六月、阿波おどりの源流に触れるべく、僕は熊本県天草市牛深へ向かった。

〝牛深ハイヤ節〟の誕生

福岡から車で南下して五時間、天草市中心部(本渡町)を通過して、さらに国道二六六号線を南下。

のどかな田園と山村の間を縫うように約五〇分ほど走ると、熊本県最南端・天草下島の端っこに位置する小さな港町、牛深にようやく到着する。

牛深港は蔵之元《くらのもと》や水俣など鹿児島の港もほど近く、歴史的にも熊本市内や天草の中心部よりも、海路で繋がった鹿児島や長崎との繋がりのほうが強い。現在は静かな漁村といった雰囲気だが、かつては廻船問屋や海産物問屋で大変賑わっていたそうで、昭和に入ってからも水産加工の工場がフル稼働する活気ある港だったという。

また、この牛深港は〈風待ちの港〉でもあった。廻船のルートには、北上して下関から瀬戸内海を通って大阪を目指す上り船、薩摩半島をグルリと回って鹿児島へと入港する下り船という二種類があったそうで、上り船は南風、下り船は北風を必要とした。南風は現地の言葉で〈ハエ〉。〝ハイヤ節〟の〈ハイヤ〉とは、この〈南風／ハエ〉が訛ったものとされている。

南風／北風どちらにせよ、風が吹かないことには船乗りたちは何もできない。そして、時間を持て余した荒くれ者の船乗りたちがやることといったら、酒盛りと女遊びだ。しかもさまざまな港からやってきた船乗りたちが小さな港にひしめき合っていたわけだから、明治までの牛深港はいわばクレオールな文化交流地となっていたのだろう。

後述するが、そのような特殊な状況のもと、当時の牛深ではさまざまな人間模様が展開されることになった。ただでさえ海産加工業や廻船問屋で賑わっていた地。近郊の魚貫《おにき》町には炭鉱もあった。経済的にも潤い、多種多様な人々が出入りしていた活気ある港町を舞台に育まれたのが〝牛深ハイヤ節〟だったのである。

今回の旅ではそんな牛深の今と昔を知る方にお話を伺うことができた。お名前は西嶋龍一郎さん。いただいた名刺には〈天草市牛深総合センター・舞台技師〉という肩書きに加え、〈天草市芸術文化協会事務局次長〉や〈牛深ハイヤ保存会監事〉など重厚な肩書きも記されているが、ご本人は物腰の柔らかい知的な紳士で、東京からやってきた正体不明のライターである僕にも温かく接してくださった。

西嶋さんは熊本市内のご出身。七〇年代前半に五年ほど東京に住んでいたこともあるそうで、当時は自由劇場などの小劇場やアングラ芝居に舞台監督として関わっていたという。熊本に戻って劇場の仕事に就いた後、奥様の故郷である牛深に移住。現在まで三五年ほど牛深に住み続けているという。牛深という土地の特殊性について、西嶋さんはこう説明する。

「本渡（天草市中心部）と牛深は文化圏がぜんぜん違うんですよ。間に山があったので行き来もなかったですし、本渡は昔から商業地で芸能がほとんどなかった。牛深からしてみると、鹿児島のほうが近いわけですしね。だから、今も問屋さんは取引先の地名を屋号にしているところが多いんですよ。島原屋、長崎屋、鹿児島屋のように」

天草と聞くと、隠れキリシタンや天草・島原の乱を思い出す方も多いかもしれない。また、天草から海外へと身売りした〈からゆきさん〉の存在は現在も悲しい物語として語り継がれている。だが、牛深にはキリシタンやからゆきさんの痕跡がほとんどないという。天草中心部と山で分断されていたため、キリスト教の宣教師が牛深までやってこなかったということもあるだろうが、からゆきさんに関して西嶋さんは「牛深は経済的余裕があったので、海外へ身売りする必要もなかったんだと思います」と話す。それだけでも、牛深がいかに特殊な場所だったかが分かる。

西嶋さんからお借りした貴重な資料のなかに、大変興味深い証言を見つけた。元・漁師の郷土史家、竹井武助さんがまとめた郷土資料集『南の風（続編）』。かつての牛深で話されていた方言や作業歌、わらべ歌がまとめられたこの本のなかに、〝琉球上り・下り唄〟〝琉球下り節〟という二曲の歌詞が記されている。

西嶋さんによると、歌を録音していたテープが火事により焼失してしまったため、そのメロディーを聞くことは現在では不可能になってしまったそうが、原曲は琉球から伝わってきた歌らしい。当時の牛深には奄美や琉球など南西諸島の船乗りたちもやってきたことが伝えられているが、この二曲はその痕跡とも言えるだろう。

また、竹内勉は昭和四〇年一二月に牛深市魚貫崎を訪れた際の興味深いエピソードを綴った『はいや・おけさと千石船』のなかで、当時六三歳の池田ハルノが〝牛深ハイヤ節〟を歌う光景を興奮気味にこう描写している。

「唄に興が乗ってきた池田ハルノは、途中で三味線を下へ置いて、立ち上がるやいなや、両手を頭上にかざして、手首を曲げると、おいでおいでをするような格好で、腰を左右に激しく、煽情的に振り振り、踊り始めた。そして唄の合間に〈ハッハッハッハッ〉と、気合とも掛け声ともつかないものを交えて、座を盛り上げていった。その手の振りと掛け声は、奄美大島の八月踊りのうちの〝六調〟とまるで同じだった。(中略)〈ピューピューピューピュー〉と指笛まで鳴らし始めた。こういう指笛は、奄美・沖縄の人しかしないものと思っていた私には異様に見えた。これでは天草の牛深ではなく、奄美か沖縄である」

南九州と奄美～沖縄を含む南西諸島の島々は、黒潮によって古代から結びついている。この引用文のなかで出てくる奄美大島の〝六調〟は奄美を代表する騒ぎ歌だが、歌詞は奄美の方言ではなく、大和口《やまとぐち》。また、奄美ではその名も〝天草〟という歌が歌い継がれているが、こちらの歌詞も大和口によるものだ。黒潮上の行き来により、歌も人も文化も移動した。〝牛深ハイヤ節〟や〝六調〟〝天草〟もまた、そのような南九州～南西諸島間の影響関係のもとで育まれた歌だった。

西嶋さんにお聞きしたかったのは、やはり阿波おどりと〝牛深ハイヤ節〟の関係性についてである。僕は西嶋さんのこの話に身を乗り出した。

「徳島の藍染めの方たちが肥料を求めて牛深に来ていたそうなんです。藍を育てるとき、魚を原料にした肥料がいちばん良かったらしくて。牛深は昔から加工業者～問屋の盛んな場所ですし、千石船の中継地点でしたから」

前章でも触れたように、『徳島盂蘭盆組踊之図』で描かれた組踊りのスポンサーになっていたのは阿波の藍商人たちだった。また、対談集『奄美六調をめぐって』のなかで檜瑛司は、奄美大島の特産品である平織りの絹布〈大島紬《つむぎ》〉に使う藍や絹糸は徳島から持ちこまれたものだった、とする興味深い話をしている。徳島から奄美へと渡った船乗りたちは肥料を求めて牛深にも寄ったことだろう。つまり、藍と絹糸で結びついた徳島～牛深～奄美という海路に乗って、ひょっとしたら〝ハイヤ節〟や〝六調〟〝天草〟も移動していったのかもしれないのである。海路を遡ることによって、阿波おどりの根っこに眠る南方系リズムの源流が少しずつ見えてきた！

風待ちの港のラヴ・ストーリー

このように〝牛深ハイヤ節〟にはさまざまなストーリーが横たわっているが、なかでももっともドラマチックなのが新銀取りと船乗りを巡るラヴ・ストーリーだろう。

新銀取りとは、遊郭のなかった時代の牛深において船乗りたちの身の回りの世話をしていた女性たちのこと。船乗りたちが大阪で稼いできた金を取り上げてしまうことから、そう呼ばれていたそうで、牛深には明治二〇年ごろまでこうした女性たちがいたらしい。風待ちをしていた船乗りたちは暇になるとそれぞれの新銀取りたちを呼び寄せ、車座になって酒盛りをしていたという。そして、そんな宴会を盛り上げていたのが〝牛深ハイヤ節〟だった。

手ぬぐいで鉢巻きをした男たちは輪のなかで身体を揺らし、踊り疲れたら次の人間にその手ぬぐいをかける。かけられた人間は必ず踊らなくてはいけないルールとなっていて、そうやって踊りの輪は延々続いたらしい。ちなみに、手ぬぐいをかけるという行為は特定の女性に対する求愛も意味したそうで、これは沖縄の毛遊《もうあし》びや中世の歌垣の伝統を連想させる。西嶋さんはこう話す。

「船乗りや海関係の仕事はどうしても亡くなるケースが多くて、牛深には後家さんが多かったそうなんですね。そういう方が新銀取りになることも多かったようです」

船乗りたちと新銀取りの関係は単なる〈荒くれものとその現地妻〉というものではなかった。その純愛物語を現代に伝えているのが、船乗りたちを見送る新銀取りが駆け上がったとされる新銀取り坂だ。

かつてはこの坂の上からしか港を見渡せなかったそうで、別れを悲しんだ女たちはこの坂を駆け上がり、いつまでも男たちを見送っていたという。酒と歌と踊りに彩られた、風待ちの港のラヴ・ストーリー――。

上：かつて新銀取りたちが駆け上がったという新銀取り坂
下：牛深港に係留された漁船。船体に〈鹿児島〉という文字が見える

ハイヤエーハイヤハイヤで今朝出した船は　エー
どこの港にサーマ　入たやら　エー／エーサ　牛深三度行きゃ三度裸
鍋釜売っても酒盛りゃしてこい／戻りゃ本渡瀬戸／歩行《かち》渡り
ハイヤエー北かと思えばまた南風の風　エー
風さえ恋路のサーマ　邪魔をする　エー／エーサ　黒島沖からやってきた
新造か白帆か白鷺か／よくよく見たれば我が夫様だい

これは〝牛深ハイヤ節〟の歌詞だが、新銀取りの視点から歌われたものであることが分かる。新銀取りたちは坂の上に立っては〈黒島沖からやってきた、新造か白帆か白鷺か。よくよく見たれば我が夫様だい〉と男たちの帰りを喜んだのだろうか？

なお、新銀取りの習慣は明治中盤～後半には廃れたようだが、船乗りたちの要請に応えるべく、集落の奥には遊郭が建てられた。昭和三三年の売春防止法施行以降、これらの建物は料亭として使われたが、現在はいずれも閉店。三浦屋、紅裙亭《こうくん》という二軒の建物だけが現在も残っている。

本家本元はフリースタイル

YouTubeには〝牛深ハイヤ節〟の素晴らしい映像がアップされている。アップロード日は二〇一二年一月二日、タイトルは〝本家本元牛深ハイヤ節〟。

その動画には、どこかの集会所で年配の男女が車座になり、頭に手ぬぐいを巻いて踊りまくる姿が映し出されている。踊りはほとんどフリースタイルなのだろう。踊りの発表会ではなく、遊びの場であり、パーティーの場であることが伝わってくる。しかもかつて新銀取りと船乗りたちがやっていたように、踊り終えた人は手ぬぐいを次の人にパスしているではないか。

まさに本家本元。ゾクゾクしてくるほど素晴らしい映像である。

西嶋さんによると、映像に映っているのは港のすぐ横に広がる加世浦《かせうら》地区の老人会〈恵比寿会〉の方々。加世浦地区の一部には〈せどわ集落〉と呼ばれる家屋の密集地帯が広がっていて、昔は漁師たちが肩を寄せ合うように住んでいたという（鯵川《あじがわ》、鯖江《さばえ》、鱶口《ふかぐち》など魚苗字の家も多かったらしい）。映像に映る方々のなかには、そんなせどわ集落の住民も含まれていた。西嶋さんはこう話す。

「ここには民謡の先生や教室がないんです。三味線の弾き方、太鼓の叩き方が自然と受け継がれているんですね。ハイヤ節大会なんかだと如実に現れるんですよ。ひとりひとりがまったく違っていて、百人が歌ったら百通りの歌い方がある。歌詞は一緒ですけど、伸ばすところ、タメるところが人によって、顔が違うようにぜんぜん違っていた」

〝牛深ハイヤ節〟は時に民謡をがんじがらめにする〈正調〉という概念からみずから逸脱していく。なにせもともとが男女の欲望渦巻く車座のなかで歌い踊られたもの。ここにはさまざまな港からやってきた船乗りたちと、彼らを優しく迎え入れた女たちのざわめきが今も冷凍保存されているのである。

そして、そこに刻み込まれた根源的なダンスへの欲求、生への渇望は、そのまま徳島へと移植され、阿波おどりの爆発的エネルギーの源となった。歌のスタイルはたとえ変化しても、牛深というクレオールの港で育まれた根っこのスピリットは何ら変わることはなかったのだ。

西嶋さんはUMPCというバンドの三味線奏者でもある。サッシ屋さんや印刷屋さんなどによって構成されるこのバンドで、二〇〇七年にはNHKのバンド・コンテスト番組『熱血！オヤジバトル』に出演、見事グランプリを獲得している。

そのとき演奏したのは、なんとハードロック・ヴァージョンの〝牛深ハイヤ節〟＝〝ロック・ハイヤ〟！

僕も映像でその演奏を拝見したが、これがなかなかの完成度なのである。

最近ではUMPCの音源で踊る小学校も増えているそうで、手ぬぐいが次の踊り手へとかけられるように、そうやって〝牛深ハイヤ節〟のバトンは次の世代へとパスされていくのだろう。ひょっとしたら常世《とこよ》の新銀取りや海で亡くなった船乗りたちも西嶋さんたちの演奏で身体を揺らしているのかもしれない。

［参考文献］
●町田嘉章・浅野建二編『日本民謡集』（岩波文庫）
●竹内勉『はいや・おけさと千石船』（木阿弥書店）
●竹井武助『南の風（続編）』
●山下欣一、松原武実、小川学夫『奄美六調をめぐって 徳之島から』（海風社）

⑩ 南西諸島とヤマトの交流が育んだルーツ・リズム

奄美大島のアラセツ行事と八月踊り

（2014年9月2・3日）

奄美大島では旧暦8月最初の丙の日を〈アラセツ〉と呼び、豊作を祝うだけでなく、翌年の豊作も祈願するさまざまな行事が行われる。龍郷町秋名で行われる〈ショチョガマ〉や〈平瀬マンカイ〉はそのひとつ。また旧暦8月になると奄美の各集落で歌い踊られるのが八月踊りで、集落によって歌や踊りの形式は異なる。

阿波おどりの衝撃から南西諸島へ

二〇一〇年、軽い気持ちで訪れた高円寺阿波おどりは僕にとって衝撃的なものだった。その後、本場・徳島の阿波おどりで高円寺の原型に触れ、続いて阿波おどりそのものの源流である〝牛深ハイヤ節〟の背景に触れるべく熊本県牛深にも足を運んだ。

そうやって少しずつ阿波おどりの根底に流れるものに触れていったとき、その先に向かうべき場所として浮かび上がってきたのが、大隅諸島から始まり奄美群島、沖縄／先島諸島へと続く南西諸島の広大な世界だった。

ひとつひとつの地域を点として見るのではなく、文化や風習がある地域からある地域へと移動した痕跡・記憶としての〈線〉が交差する場所として捉えることによって、日本列島そのものの音楽地図が浮かび上がりつつあった。歌やリズムというものは、必ずいくつもの線が交差するところに生まれる。旅をしながら、そんな確信を持つようになっていた。そして、線の先にあるものを求めて、僕はようやく奄美大島に足を踏み入れることになった。高円寺阿波おどりを体験してから四年目の夏のことだった。

奄美というと思い出す言葉がある。二〇〇二年、メジャー・デビューから間もない元《はじめ》ちとせにインタヴューをした。彼女の故郷は奄美大島南部の瀬戸内町。それも山と海に挟まれた嘉徳《かとく》という小さな集落で彼女は生まれ育った。

奄美の島唄の魅力について、彼女はこう話してくれたものだった――「とってもよくわかるからだと思うんですね、その言葉が。それは作ったものがわかるんじゃなくて、生きてきた〈命〉がわかってくるから」。今以上に青二才だった当時の僕にはいったい何が〈わかる〉のか、〈命〉が何を意味しているのか、あまり理解することができなかった。

だが、奄美という場所が持つ特別な魅力に触れてしまった現在では、彼女の言葉をなんとなく理解できそうな気がする。歌はいくつもの線が交差するところに生まれるわけで、そこにはその土地に過去生きてきた先人たちの命もまたひとつの線として織り込まれている。奄美の歌には無数の名もなき人々の命が、まるで墓標のように刻印されているのかもしれない――奄美の旅は、そんなことを教えてくれるものとなった。

今回の旅の目的は三つの祭祀《さいし》を体験することだった。

ひとつは〈ショチョガマ〉。これは田畑を見下ろす山の中腹で日の出とともに行われる。

もうひとつは〈平瀬マンカイ〉で、こちらは夕方四時ごろ、満潮の時間に合わせて浜で行われる。どちらも北部・龍郷《たつごう》町の秋名集落で行われる伝統的な祭祀だ。

三つめが〈八月踊り〉。これは奄美の各地域で行われる芸能で、太鼓のリズムに合わせて男女が輪になって歌い踊るというもの。今回は奄美大島の最北端、笠利町・佐仁《さに》集落の八月踊りにお邪魔することとなった。この八月踊りで歌い踊られるのが南西諸島最強のダンス・チューンである〝六調〟。録音物ではなく、生の〝六調〟に触れることも今回の旅の目的のひとつだった。

八月踊りが行われるのは夕方から夜にかけて。つまり、今回は早朝のショチョガマから午後の平瀬マンカイ、夕方からの八月踊りと、三種類の祭祀〜芸能を一日で見て回ろうという強行スケジュールとなった。

原始的な農耕儀礼——ショチョガマ

二〇一四年九月二日、僕は空港から島の中心部である名瀬に車を走らせていた。そのわずか前に訪れた沖縄本島は真夏そのものだったというのに、九月に入ったばかりの奄美大島にはすでに秋の気配が漂っていた。奄美大島にはガジュマルやマングローブのような熱帯系の植物が自生しているが、沖縄のような南国ムードはあまり感じない。やはり奄美は独特だ。

奄美群島とは奄美大島から喜界島、徳之島、沖永良部島《おきのえらぶじま》、与論島までの島々のことを指すが、奄美群島北部（奄美大島〜徳之島）の文化圏と、徳之島以南に位置する南部（沖永良部島と与論島）の文化圏は異なる。たとえば奄美大島や徳之島の歌はヤマトからの影響を残している一方で、沖永良部島と与論島は沖縄文化からの影響が大きい（この二つの島の歌には沖縄音階のものが多い）。奄美

群島全体で見ると、かつては琉球王国と薩摩藩の支配下にあったことから琉球／薩摩からの影響が複雑に絡み合っているし、そのうえ奄美には島唄に象徴される独自の文化も息づいている。沖縄的であると同時にヤマト的であり、なおかつ奄美以外のどこでもないという独特の風土が、島の風景ひとつひとつから見えるような気がした。

その日の夜は奄美大島出身のサックス奏者、ＫＯＹＯくんの実家でお世話になり、翌日早朝から動き出すこととなった。目指すは秋名集落で行われるショチョガマだ。

ショチョガマは琉球王朝の統治下時代から続く農耕儀礼。稲の豊作祈願のために行われるもので、奄美の伝統行事のなかでももっとも古い様式を留める祭祀だ。〈ショチョガマ〉とは藁葺き小屋のことで、この小屋の上に多くの人々が登り、日の出と共にその小屋を倒すというのが基本スタイルである。

名瀬から車で約五〇分、暗い山道を抜けて辿り着いた秋名は、商店も一切ない静かな集落だった。早朝四時すぎ。誰もいない集落を車で静かに進んでいくと、薄暗い山の中腹に設置されたショチョガマが見えた。照明の光を浴び、ショチョガマが浮かび上がる光景は一種異様だ。山をよじ登ってショチョガマの後方に陣取ると、麓には青々とした田畑が広がっている。どうやらその向こうにそびえ立つ山並みの上に太陽が登ってくるらしい。

朝五時を過ぎると、ショチョガマの上に数人の男が登り、チヂン（太鼓）を打ち鳴らし始めた。

決して相撲の寄せ太鼓のように賑やかなものではない。集落の人々ではなく、神々に向けて祭りの始まりを伝えるかのような厳かな太鼓だ。屋根の上の男衆のなかには祭祀を司るグジという役割の男性がいる。グジが手にしているのは小さな稲。稲魂を招き、感謝し、翌年の豊作を祈願する――ショチョガマの目的は稲魂を招くところにもある。古代から続いてきた人と神と自然の関係性がそこから見えてくる。

なお、奄美では旧暦八月最初の丙《ひのえ》の日を〈アラセツ〉と呼ぶ。アラセツとは、すなわち〈新節〉のことで、稲の収穫を終えたこの時期に年が改まるということを意味している。ショチョガマと平瀬マンカイはこのアラセツの日に行われ、アラセツのあとはシバサシ、ドンガという新年の祭りが行われる。これらをトータルで三八月《みはちがつ》と呼ぶ。

六時近くになると、ショチョガマの周りには多くの人々が集まり始める。屋根の上に登ることを許されているのは男だけで、老人から子供までが傾きかけたショチョガマの屋根によじ登り、日の出を今か今かと待ちわびている。グジの祝詞に続いて歌われるのは、島口（奄美方言）による豊年歌。チヂンの素朴なリズムもあって、まるで南太平洋の儀式音楽のようにも聴こえる。

この頃になると、だいぶ空も白み始める。いくら九月の奄美とはいえ、朝方はかなり冷え込む。だが、空が白んでくるにつれて、気温が少しずつ上昇してくるのが分かる。都会で生活しているとなかなか実感することはないが、太陽のありがたみを肌身で感じたのは久々のことだった。

豊年歌に続き、屋根の上に登った百人近くの男たちが「ヨラ！　メラ！」という威勢のいいか

Mizuno
Mizuno

け声と共にショチョガマの屋根をユサユサと揺さぶる。倒れそうになる寸前で揺さぶるのをやめ、ふたたび豊年歌を歌う。これを何回も繰り返すうちに、しだいにショチョガマが傾き始める。近くで見ていると、これがかなり怖い。ショチョガマの高さは三メートルほど。しかも山の中腹に立っているわけで、倒れた瞬間にそのまま山の麓まで転がり落ちていってしまいそうだ。だが、男たちは恐怖におののく素振りも見せず、「ヨラ！　メラ！」とショチョガマを揺らし続ける。

古代から受け継がれた爆発的な祝祭感

六時半すぎ、ついに山の陰から太陽が顔を覗かせた。目も眩むような朝日が僕らを照らし出す。それと同時に、「ヨラ！　メラ！」の声は一段と大きくなり、これまで以上の力でショチョガマの屋根が揺さぶられると、ついには人々のどよめきと共に倒壊！　だが、男たちは服についた藁をサササッと払うと、倒壊したショチョガマの上で八月踊りを踊り始めるのである。

山から差し込む朝日のもと、それまで溜め込んだエネルギーを一気に解放するかのように踊り狂う男たち。そこにあった爆発的な祝祭感は、きっと古代の祭りから受け継がれたものなのだろう。太陽が稜線から顔を覗かせること、雨が田畑に降り注ぐこと、稲や作物が無事に実ること。かつての村の生活では、こうしたことすべてが人々の生命と直結した。だからこそ、陽光を浴びることは〈生〉の喜びであり、その喜びを与えてくれる神々への感謝の念が育まれた。輪になって八月踊りを踊る男たちの姿には、そうした根源的な喜びが溢れているように思えた。祭りの原風景というだけでなく、それは音楽と踊りの原風景でもあった。

ちなみに、ショチョガマが倒れる方向によって豊作が占われることになっており、この年は二年ぶりに南側に倒れた。南に倒れることを〈ウーアブシマクラ（上畦枕）〉と呼び、この年は豊作が約束されるという。集落の人々は口々にそのことを喜んでいたが、僕はというと、あまりの感動から山から降りられなくなっていた。朝日が顔を覗かせるのとほぼ同時にショチョガマが倒され、そこから沸き起こる八月踊りの爆発的な祝祭感に、震えるような感動を味わっていたのである。こんなことはかつて体験した白鳥おどり以来のことだった。

神秘的な色彩の強い〈平瀬マンカイ〉

この日ふたつ目の祭祀〈平瀬マンカイ〉は午後四時すぎから、秋名湾の浜で始まった。こちらの舞台は神平瀬、女童《めらべ》平瀬という浜辺の大岩ふたつ。神平瀬にノロ（女司祭）が五人、メラベ平瀬に神役の男女七人が乗り、それぞれに異なる歌と踊りを〈ネリヤ〉と呼ばれる海の彼方の神に捧げる。ショチョガマ同様、平瀬マンカイも稲魂を招き、五穀豊穣を祈ることを目的とするが、ショチョガマが男たちだけで取り仕切られるのに対し、平瀬マンカイにはノロたちも加わるため、より神秘的な色彩が強い。

また、おもしろいのは神平瀬と女童平瀬の間でかけ合い歌の形式で歌が進められていくことだ。この形式は古代からアジア各地で行われてきた〈歌垣〉を思い起こさせる。『万葉集』にも痕跡が認められる歌垣は、男女の集団がかけ合い歌を歌うことによって求愛するという古代の合コンのようなもの。その原型には言葉によって相手を支配するという呪術的な意味合いも多分に含まれていて、平瀬マンカイはそうした呪術行為としての歌垣を連想させるのだ。

なお、平瀬マンカイも最後は八月踊りによってシメられる。ショチョガマのような爆発的な高揚感があるわけではないが、ピクニック気分でビールや弁当をいただく集落の人々の姿もあって、おおらかな空気に包まれたなんともいい雰囲気の祭りだった。

解放的なエネルギーが爆発する〝六調〟

ここから秋名を離れ、島の最北端に位置する笠利町・佐仁集落を目指す。ここで話を伺うことになっていたのが、集落の文化的リーダーを長年務めてきた佐仁八月踊り保存会の会長、前田和郎さん。初めてお会いした和郎さんは屈強なシマの男そのもので、とても七〇歳を越えていらっしゃるようには見えない。僕はその立ち姿にシカゴのブルースマン、マディ・ウォーターズを思い出したりした。

現在では奄美を代表する郷土芸能として様々な祭事で披露される八月踊りだが、本来はショチヨガマや平瀬マンカイのような豊作祈願の祭祀であると同時に、集落内の悪霊退散や無病息災を目的とするものでもあった。佐仁ではかつて集落の家々を一軒ずつ回って各家庭の幸福を祈願したといい、それを〈ヤサガシ（家探し）〉と呼んだ。現在ではすべての家庭を回ることはなく、数軒の家で代表しているが、それでもヤサガシの風習は受け継がれているわけだ。

一軒目にお邪魔したお宅にはよく手入れされた美しい庭があり、そこが祭祀の舞台となった。踊り手の人数は男女一五人ずつぐらいだろうか。八月踊りは打ち出し役と呼ばれる先導役の歌声によってスタートすることになっているが、ここで打ち出し役を務めるのは和郎さん。和郎さんの太く力強い歌声に男衆が続くと、今度は女性たちが歌を返すという、まさに歌垣の形式によって歌が続いていく。女性の打ち出し役を務めていらっしゃるのは和郎さんの奥様で、彼女はチヂンも叩く。男女の掛け合い歌とチヂンのリズムが輪のなかに確かなグルーヴを作り出している。そして驚くことに、この掛け合い歌は少しずつテンポを上げていくのである。男女の歌が少しずつ重なり合い、チヂンのリズムもどんどん早くなっていくのだ。踊りの輪のなかでビデオカメラを回していた僕は、まるでピグミーのポリフォニーか台湾原住民のチャントを聴いているような気分になっていた。

ひとりひとりの歌は輪のなかで溶け合い、ひとつのグルーヴを織りなしている。人々は足ももつれんばかりにステップを踏み、最後はほとんど足踏みのようになって踊りの輪は停止した。その間およそ一五分。これだけの時間、打ち出し役の和郎さんは誰よりも大きな声で全体を引っ張っていくのである。まったく驚くべき体力だ。

こうして何曲かが続いた後、最後を締めくくるべく〝六調〟が歌われる。歌と三線を担当するのはもちろん和郎さん。荒々しくて大らかで、僕はこんな〝六調〟を聴いたことがなかった。このとき踊りの輪は崩れ、沖縄のカチャーシーのようなフリースタイルの踊りとなる。それまでの八月踊りが歌垣ないしは祭祀の様式を留めていたのに対し、〝六調〟では解放的なエネルギーが爆発するわけだ。こうして〝六調〟を終えると、人々は次のお宅へと向かうこととなる。

「歌も揃い、踊りも揃うのが一番大事」

「そりゃ体力的にも大変だし、声が出なくなる。それでもやらなきゃならないのよ」――翌日お会いした和郎さんはそう言って豪快に笑った。

じつは和郎さん、島唄の歌い手として県外でも知られる存在。師匠は奄美民謡の先駆者でもある佐仁出身の唄者、南政五郎だ。

「八月踊りと民謡は発声が違う。南政五郎もとても歌がうまい人だったけど、八月踊りはやらなかった。普通は八月踊りをしっかりやると、しばらく民謡の裏声が出なくなる。僕も本当は八月踊りをやるつもりはなかったのよ。でも、やらざるを得なくなった（笑）。民謡だと最初は柔らかい声を出す場合もあるけど、八月踊りは最初からバン！ と出さないといけない。打ち出し役がなんという歌詞を歌っているのか、キチンと伝えないといけない」

和郎さんによると、八月踊りの場合、集落のなかで継承されてきた一曲の歌（メロディー）に対してさまざまな歌詞が存在するという。そのなかから特定のフレーズを瞬時のうちに選択し、誰よりも先に歌って全体をリードするのが打ち出し役の仕事だ。佐仁では全部で二四の歌が継承されており、そこに多数の歌詞／フレーズが紐づいているわけだが、和郎さんはそのほとんどを記憶しているというのだから凄い。

また、歌の掛け合いに関しても和郎さんならではの美学があるらしい。

「僕がよく言うのは、〈掛け合いはピラミッド型にやりなさい〉ということ。たとえばひとつの歌の長さを一〇とすると、男が九まで歌ったぐらいで女性は声を出しなさい。男性は女性が八まで歌ったあたりで声を出しなさい。七、六、五……とだんだん男女が重なり合って、奪い合いのようになっていくというテクニックが一番大事。そうやっていかないと絶対に弾まないし、そこが打ち出し役の力の見せどころ。それとね――本当に大事なことなんですけど――集団舞踊というものは自分たちで歌い、自分たちで踊るのが楽しいわけで、踊りばっかりじゃおもしろくないの

よ。歌も揃い、踊りも揃うというのが八月踊りで一番大事なこと」

奄美〜九州〜徳島を巡るダイナミックな文化交流

冒頭でも触れたように、今回の旅の重要なミッションのひとつが〈生の〝六調〟に触れる〉ことだった。インタヴューの前日にこの目的は達成されたわけだが、僕にはひとつ気にかかっていたことがあった。それは〝六調〟の次に演奏されることが多い〝天草〟という歌のことだ。タイトルどおり、〝天草〟は熊本県の天草から伝わったとされていて、天草（牛深）と奄美の交流を示す決定的証拠とも言える。

ちなみにこの〝天草〟と〝六調〟、前章でも軽く触れたとおり、歌詞はともに奄美の言葉ではなくヤマトのもの。詩型も奄美本来のものではない七七七五調で、南九州の祝い歌が奄美に入ってローカライズされたものとも言われている。そうして生み出された〝六調〟が今度は九州側でローカライズされて〝牛深ハイヤ節〟が生まれ、そこから影響を受けて徳島阿波おどりの特徴的なリズムが成立したわけで、奄美〜南九州〜徳島を巡るダイナミックな文化交流のひとつのキーが〝天草〟なのだ。そのことを和郎さんに話すと、驚くべき答えが返ってきた。

「ああ、〝天草〟ね。昨日もやったよ。でも、気づかんと思う。僕は〝天草〟と〝六調〟を続けてやったのよ。これは僕のテクニックで、他の人にはできない。〝天草〟より少し早いのが〝六調〟。それよりも早いのが〝山原《やんばる》〟で、これは沖縄の山原地方のこと。僕は三つ組み合わせてやるのよ。八月踊りはだんだん早くなっていくでしょ。同じように〝天草〟〝六調〟〝山原〟とだんだん早くなっていく。三曲連続でいったほうがいいかなと思って。ハハハ」

つまり、和郎さんは天草〜奄美〜琉球を行き来しながら育まれてきた歌の伝播《でんぱ》ルートを、ひとつの演奏のなかで表現していたのだ。なんというスケールの大きさ！

「この三曲は三味線の合わせ方（チューニング）が一緒なの（と言いながら三味線を持ってくる）。……これが三番線だけを下げた三下りという合わせ方」

そう言って、和郎さんは目の前でもう一度三曲のメドレーを披露してくれた。三味線のフレーズそのものは一緒だが、そのなかでごく自然に三つの歌が連結されている。あまりに自然に歌が移り変わっていくため、八月踊りの熱狂のなかでは曲の変化に気づかないかもしれない。実際、僕もまったく気づかなかったのだ。だが、ここから〝牛深ハイヤ節〟へ、さらには徳島の〝よしこの〟へも違和感なく繋がりそうな演奏である。

そして、きっと和郎さんのように遊び心と高い演奏／歌唱技術を合わせ持った誰かがこうやって歌を発展させてきたのだろう。三味線を弾き終えた和郎さんはこう続ける。

「〝六調〟で一番大事なのは、踊る人たちをワクワクさせるメロディー。それと三味線と太鼓の合わせ方だね。（三味線の）バチを振り切ったところで太鼓を打てば奇麗にハマるんです。だから、太鼓を打つ人は三味線のバチを見ていれば絶対に狂わない。そして、そこに踊り手の足も合わせる。そうやると踊りが止まらないでずっと続いていくわけ」

ダウンストロークでバチを振り切ったところに太鼓のドン！ を合わせるわけで、要するにバックビートということである。確かに〝六調〟や〝天草〟のリズムは四分の四拍子だが、頭打ちでなく後ろ打ちの四分の四拍子である。三味線と太鼓と踊り手のステップは一心同体であり、それは長い時間をかけて熟成されてきたバックビートによって繋ぎ合わされているわけだ。

「佐仁の人たちはもともと踊りが好きで、郷土芸能が好き。好きこそ物の上手なれじゃないけど、そこが基本にある。一言でいえば、八月踊りは村の宝物ですよ。佐仁にとって一番大切なもの。みんなが大好きで、みんなが心待ちにしているもの」

和郎さんは力強くそう話す。「和郎さんも八月踊りを心待ちにしてますか？」そう尋ねると、和郎さんは少し照れくさそうに笑った。

「そうですねえ……やっぱり嫌いじゃないですよ。同じ集落に住んでいてもそんなに酒を酌み交わすこともない人もいる。でも、踊りの輪のなかにいるとみんな笑顔でしょ。みんなで楽しめる。本当にいいことだと思う。よく言うんですよ。〈お金を残す必要はない、文化を残しなさい〉って。島唄はレコードに残すことができるけど、八月踊りはそうはいかない。一度途絶えてしまったら、元に戻すのはなかなか大変。よく言われるんです、〈前田さんは一〇〇歳まで死ねないね〉って（笑）。大変ですよ」

僕の頭のなかには八月踊りのあの夜の光景がはっきりと残っている。二軒目に踊り手たちが向かったお宅にはまるで学校のグラウンドほどもあるような広いスペースがあって、集落中の人々が集まったのではないかという巨大な踊りの輪ができあがっていた。僕らもそのなかに入り、見よう見まねで踊りの輪についていった。

あのときの感動は一体なんだったのだろう？　一番触れたかった音楽の〈場〉にいる。いつか触れてみたかったリズムとメロディーの真ったただ中にいる。集落の人々が長い時間をかけて作り上げてきたダンスフロアで踊っている。言葉にならない幸福感が身体いっぱいに広がり、僕はひたすら足と手を動かし続けていた。僕は踊りの輪を回転させ続ける歌とリズムのエネルギーに感服し、輪のひとつの〈ピース〉になることで、かつて佐仁に生きた人々の幸福感を追体験していた。
何年経っても〈あの夜は完璧だった〉と言いきれる夜が、一生のうちにどれぐらいあるだろうか。ショチョガマから始まり平瀬マンカイ、八月踊りをまとめて体験した二〇一四年の九月三日は、僕の人生のなかで間違いなく最良の一日だった。

［参考文献］
●山下欣一、松原武実、小川学夫『奄美六調をめぐって 徳之島から』（海風社）
●清眞人、富島甫『奄美八月踊り 唄の宇宙』（海風社）
●登山修『奄美民俗雑話』（春苑堂出版）
●「娯楽と絆深める郷土芸能 奄美『佐仁の八月踊り』」（〈奄美生活〉ホームページより）

⑪

沖縄の夏の風物詩に念仏踊りの影を見る

沖縄・本島と浜比嘉島のエイサー

（2014年8月8〜10日）

沖縄では旧暦の7月13日から7月15日までを旧盆とし、その間は中部を中心とした沖縄本島の各地域で盛んにエイサーが行われる。また、そうした旧盆の伝統行事として披露されるもののほかに、沖縄市で開催される〈沖縄全島エイサーまつり〉などさまざまな祭りでも演舞が披露される。（写真：大石始）

いわきの〈じゃんがら念仏踊り〉が琉球へ

〈沖縄にはオーラセーという喧嘩エイサーがある〉ということを教えてくれたのは友人のシマさんだった。考えてみると、僕はいつもこうして祭りフリークの友人たちからいろいろなことを学び、さまざまな情報を教えてもらっているわけだが、シマさんの口ぶりはかなり熱のこもったものだった。シマさんが沖縄本島の北谷《ちゃたん》で喧嘩エイサーを目撃したのは数年前のことで、それがまたとんでもなかったというのだ。オーラセー（地域によっては〈ガーエー〉と呼ぶ）という不思議な言葉の響きもあり、僕のなかで沖縄への思いが瞬時のうちにスパークしてしまった。

オーラセーのような〈音／ダンスによるバトル〉というカルチャーは世界各国に存在する。ヒップホップのダンス・バトルやMCバトルもその一種と言えるだろうし、レゲエにおいてはサウンドクラッシュと呼ばれる音の喧嘩（クルー同士で曲を掛け合い、どちらが盛り上げられるかを競い合うもの）でも見ることができる。

音やダンスによる喧嘩という習慣は、コミュニティー内を活性化するエンターテインメントであると同時に、擬似的な喧嘩によってコミュニティー内のストレスを和らげ、ちょっとした憎しみやいがみ合いが暴力事件へ発展しないよう、ある種のガス抜きするためのものでもある。日本の祭りや伝統行事においても、コミュニティーの平穏を保つためのそうした〈擬似的な喧嘩〉はよく見られる。日本各地で行われている喧嘩祭りもまさにそのような一面を持っているし、オーラセーもその一種と言えるだろう。

エイサーのルーツを遡っていくと、およそ四〇〇年前、現在の福島県いわき市にあたる陸奥国岩城から琉球へと渡ってきた僧侶、袋中上人《たいちゅうしょうにん》に辿り着く。

時は慶長八年(一六〇三年)。浄土宗の僧侶だった袋中上人は若いころから明(中国)で仏教を学ぶ夢を持っていたが、当時の日本と明は国交断絶中。袋中上人はさまざまなルートで入国を試みたものの願い叶わず、琉球に滞在しながら次のチャンスを狙うこととなった。結果として明上陸という夢破れてヤマトに戻る慶長一一年までの三年間、琉球の地で浄土念仏の普及に専念した。

いわきというと、思い出されるのは新盆の家々を回る供養の儀式、じゃんがら念仏踊りだ。琉球には一五世紀半ばからお盆(盂蘭盆会)の習慣が持ち込まれていたが、袋中上人はお盆の時期に唱えるものとして、故郷で慣れ親しんだ念仏踊りを琉球に移植。その念仏踊りをルーツとして、現在のエイサーは成立したと言われている。

現代に伝わるエイサーとじゃんがら念仏踊りを比べると、より芸能としての側面を強くしていったエイサーと、仏事としての性格をいまだ強く残すじゃんがら念仏踊りとではだいぶカラーが違う。だが、グループ単位で家々を回るスタイルを基本としていることや(エイサーはその限りではないが)、締太鼓を演奏の中心としていることなど、いくつかの共通点を見つけることができる。

もちろん念仏踊りとエイサーはダイレクトに結びついているものではなく、〈直系の子孫〉とするのは多少強引ではあるものの、いわきから持ち込まれた念仏踊りが琉球でローカライズされ、四〇〇年もの長い時間をかけて現在の形となったのがエイサーである、とすることはできるだろう。エイサーとじゃんがら念仏踊りは遠い親戚なのである。

仏教王国としての歴史を伝える沖縄のお盆

沖縄のお盆は旧暦の七月一三日から一五日にかけて行われる。取材に行った二〇一四年は八月八日（金）から一〇日（日）という週末にあたったため、観光客を含む数多くの人で沖縄各島はごった返した。

この三日は、それぞれウンケー（お迎え）、ナカビ（中日）、ウークイ（お見送り）と呼ばれる。簡単に各日の行程を説明しておこう。

ウンケー（お迎え）：祖先を迎える日にあたり、仏壇には花が飾られ、果物やウンケージューシー（炊き込みご飯）が供えられる。サトウキビの杖が供えられることもあるが、これは先祖が転ばないように用意されるのだという。また、伝統的なウンケーのしきたりとしては家族が玄関で祖先を迎え、家主が先祖に挨拶するなどいくつもの細かい行程がある。

ナカビ（中日）：この日は親戚にお中元を配るのが習慣となっており、迎える側はソーメンや菓子を出すことになっている。

ウークイ（お見送り）：あの世へ帰る祖先を見送る日。この日も仏壇を前にした数々の儀式が行われ、門前で祖先を見送るまでの細かい手順が決められている。おもしろいのはそれらすべてが夜に行われるという点で、その理由は〈早い時間に先祖を帰してしまうのは失礼にあたるから〉ということらしい。

意外に思われる方も多いかもしれないが、沖縄本島は本来仏教の教えが深く浸透した地でもあった。五百年前の琉球には多くの仏教寺院が立ち並び、紛れもない仏教王国だったというが、島津軍の侵攻以降は薩摩藩の政策により寺院は衰退してしまう。

仏教王国としての姿は過去のものとなってしまったものの、現在も沖縄本島の生活のなかには仏教由来の習慣や風習が根付いている。さっきまでコザ（沖縄市）のクラブで一緒に大騒ぎしていた威勢のいい兄ちゃんが〈明日はウンケーだから今日は早く帰らないといけないんだ〉とそそくさと帰り支度を始めて驚かされたことがあったが、東京のクラブで〈明日は法事だから早く帰らなきゃ〉なんて言葉を耳にすることはまずない。また、生活空間の中心に仏壇が鎮座している光景も沖縄のお宅ではよくあるもので、これも東京郊外のマンションで日々生活する僕にとっては少々見慣れないものだった。

また、エイサーで演奏される歌のなかに〝仲順流り《ちゅんじゅんながり》〟があるが、これは八重山などに残されている〈継母念仏《ままうや》〉を簡略化したもの。継母念仏とは祖先への思いを説くもので、そうした念仏唄をルーツとする歌がエイサーの代表的演目として現在も継承されているのは興味深い。

このように仏教王国時代の名残りが現在の都市生活のなかでも窺えるのが沖縄のおもしろさである。そして、エイサーもそうした仏教芸能としての名残を現在もはっきりと留めている。僕は沖縄本島各地でエイサーに触れることによって、そのことを何度も再認識させられることになったのだった。

エイサーのメッカのひとつ、北谷町へ

八月八日(金)、沖縄本島に渡った僕が最初に向かったのは、中部の北谷町《ちゃたん》。ここで話を伺ったのは、二年前まで北谷町謝苅《じゃーがる》地区の青年会で会長を務めていた真栄城将《まえしろしょう》さんだ。エイサーは地区の青年会が母体となっているため、その会長ということは当然エイサー団体のリーダーということでもある。ちなみに真栄城さんはお笑いコンビで活動する芸人でもあり、その話のおもしろさにはさすがお笑い芸人! と唸らされた。

真栄城さんが初めてエイサーを踊ったのは中学生のとき。学校の運動会が最初だったという。

「子供のころからエイサーを観ていたので、自分も大きくなったらやるもんだと思ってました。高校生になると青年会に入れるので、よくツルんでる友人たちに誘われて謝苅の青年会に入ったんです。そこで上下関係も教わったし、社会的ルールも学びましたね。夏になると毎日夜七時ぐらいから練習があるんですけど、その時期になると、バイトが大事なのかエイサーが大事なのか、問われることになるんですよ。僕の場合はそこのバランスをどう保つか大変でしたね」

沖縄本島のなかでも中部はエイサーがもっとも盛んな地。そのなかでも北谷町は沖縄市と並ぶエイサーのメッカであり、かつては沖縄民謡界の重鎮、松田弘一が地謡《じうてー》（三線と歌を担当する）を務めていたことでも知られている謝苅地区は、北谷町に数ある青年会のなかでも名門のひとつとされている。余談ではあるが、登川誠仁《のぼりかわせいじん》や嘉手苅林昌《かでかるりんしょう》といった沖縄民謡の巨人たちも若かりしころにエイサーの地謡を務めており、エイサー団体は優れた民謡歌手の提供元ともなってきたわけだ。

エイサーの楽器編成は地域によって多少異なるものの、謝苅の場合、先頭は演奏と歌を担当する地謡と、彼らの演奏を流すスピーカーシステムを搭載したトラック。その後に会長を含むリーダー格が担当する大太鼓、小型の締太鼓、男女の手踊りと続く。この編成でそれぞれの集落内を

上：2015 年、北谷町での謝苅青年会（写真：桑村ヒロシ）

下：謝苅青年会の移動式スピーカーシステム。
マイクに向かっているのが地謡（写真：大石始）

回るというのが基本スタイルで、こうやって集落を回ることを〈道ジュネー〉という。

エイサーが始まるのは夜七時から。間に休みを挟みながらとはいえ、夜一二時すぎまで演舞は続くわけだから、血気盛んな若者たちにとってもかなりハードであることは間違いない。

「本当にキツイんですよ。五時間も六時間も太鼓を叩きながら踊り続けるわけですから、倒れる人もいます。そりゃヘトヘトになりますけど、プライドと根性でなんとか乗り切るんです（笑）」

途絶えてしまった北谷のオーラセー

真栄城さんに一番お聞きしたかったのが、やはりオーラセーのことだった。だが、真栄城さんからはちょっと意外な返事が返ってきた。

「北谷ではここ五年ぐらいオーラセーは行われていないんです。（北谷桑江）郵便局の向かいに居酒屋があるんですけど、あそこ、昔はユニオンというスーパーだったんですね。そこの十字路に北谷の青年会五団体が集まってオーラセーをやってたんです。道路の脇に三千人ぐらいの観客が集まるんですけど、そのなかで踊るというのが僕らの世代で一番格好いいことだった。でも、ユニオンが移転して、照明が暗くなってしまって。警察の取り締まりも厳しくなって、次第にやらなくなってしまったんですね。僕らの世代が最後だと思います」

YouTubeには真栄城さんがリーダーを務めていた時期の謝苅青年会と、ライバルである栄口《えぐち》青年会のオーラセーの模様がアップされている。映像からも尋常じゃない興奮状態が伝わってきて圧倒されるが、その興奮の真っただ中で戦っていた真栄城さんは当時どのような精神状態だったのだろうか？

「ものすごくハイですよね。テンションが上がりきった状態。オーラセーは三日間あちこちを回った後、最後の最後にやるんです。みんな疲れきってるけど、血気盛んで目が血走ってる状態。十字路の反対側から栄口のほうに隊列を組んで向かっていくわけですけど、途中で重なり合うんですね。そうするとお互いのスピーカーの音が重なり合って、どっちの音か分からなくなる。そこで踊りと太鼓がよれなかったほうが勝ち。打てなくなったほうが自分から引いていくんですけど、どっちも引かなかった場合は一時間ぐらいやることもあって、そういう場合はOBの人たちが〈もういいだろ〉と引き分けにするんです。栄口と最後にやったときも結局、勝敗は決まらなかった」

沖縄の方言で〈喧嘩〉のことを〈オール〉という。先述したように〈オーラセー〉というのは〈喧嘩エイサー〉を意味するわけだが、喧嘩である以上はいろんなことが起こる。

「ユニオン前で演舞をやっていたら、道の筋から他の青年会がドドド！　って突っ込んできて僕らの演舞をめちゃくちゃにしたことがあったんです。そういうことがあると……当然ブチ切れますよね（笑）。大太鼓を投げ捨てて〈なにしてんじゃボケエ！〉と。ただ、オーラセーで本当の喧嘩になることはまずないんですよ。エイサーのシーズンだけピリピリしてますけど、ふだんは友達だったり知り合いだったりするので。だから、オーラセーで多少肩があたっても基本的には〈あ、ゴメンね〉で済む話」

その日の夜、僕は謝苅青年会の道ジュネーを拝見させていただいた。

謝苅青年会のルートの一部には細くくねった坂道が含まれているのだが、大太鼓を叩き、アクロバチックな演舞を繰り広げながらこの坂道を上がっていくというのはほとんど苦行に近い。踊っては休み、踊っては休みの繰り返しだが、その単調さゆえに踊り手たちの体力は確実に奪われていく。その傍らでは真栄城さんをはじめとするOBや関係者の方々が踊り手たちに水を手渡したり、気遣ったりしている。

そういえば、片車線を完全に封鎖しながら道ジュネーが行われているにも関わらず、交通整理をしているのは青年会のOBのみ。警察の姿が見えないのがすごい。真栄城さんが会長をやっていた時期に比べると青年会の規模は半分以下になってしまったというが、それでも僕にはかなりの規模に思える。真栄城さんはこう話す。

「エイサーは絶対に中部が一番だと思ってますから。中部は伝統も古いですし、青年会の数も多い。北谷とコザ（沖縄市）はそこで争ってるんです。〈エイサーの町〉はウチらコザだろう、いやいや北谷だ、と常に言い合ってるんです（笑）。それぐらいエイサーが盛んだということですよね」

素朴でディープな勝連半島のエイサー

八月九日（土）、ナカビ。この日、僕は友人のマコトくんと中部の勝連《かつれん》半島（うるま市）を車で回ることにした。コザ在住のマコトくんはハリクヤマクという名義で沖縄民謡とレゲエ／ダブを融合した音を作っており、沖縄のクラブ・シーンでは知られた存在だ。「エイサーは子供のころから当たり前にあったもので、大人になるまで意識したことがなかった」そうで、近年になってエイサーの魅力にハマリ始めている。

規模の大きい北谷やコザのエイサーに対し、勝連半島のものは素朴でディープ。念仏踊りに近い古いエイサーのスタイルを現在に伝えているという。

北谷やコザのエイサーは規模が大きいために県道を走っていれば簡単に発見することができるが、勝連半島の場合は規模が小さいだけに、演舞を見つけるのはそう簡単なことではない。地元の人に聞き込みをしても演舞の情報が分からないことも多く、結局は車の窓を開けっ放しにし、耳をすませながら勝連半島内をグルグル回ることになった。

そうやってようやく出会うことができたのが、うるま市与那城の与那城青年会だった。ここの青年会は大太鼓と締太鼓の代わりにパーランクーという手持ちの片張り太鼓を打つ。それらだけでも前日に観た謝苅青年会とはかなり違う。やはり念仏踊り的な古風なムードも色濃い。

特徴的なのはチョンダラーの役割だ。チョンダラーというのは顔を白塗りにした道化師の役で、北谷やコザの青年会では演舞を行う者たちの世話役も務めていたが、与那城青年会のチョンダラーはみずから手踊りを披露し、威勢のいい指笛を聞かせてくれる。謝苅青年会ではあくまでも裏方だったチョンダラーは、ここではまるで主役のように大活躍しているのだ。

ちなみに、チョンダラーは〈京太郎〉と書く。一六〇九年に薩摩藩が琉球王国へ侵攻する以前から琉球にはチョンダラーと呼ばれる門付けの大道芸人がいたそうで、彼らは人形芝居や祝福芸、葬式で念仏を唱えるニンブチャー（念仏者）の役割も果たしていたという。芸能民ということから賤民《せんみん》として庶民から軽蔑される存在でもあったようだが、後にアンニャ村（現・那覇市首里汀良町）に定住し、沖縄各地へと念仏唄を伝えたとも言われている。そのように念仏踊りを各地へと広めた現代エイサーの功労者である一方、幕府の密偵だったという説もあり、その存在はいまだ多くの謎を秘めている。チョンダラーはただの陽気な道化師ではない――与那城青年会の演舞を拝見しながら、僕はそんなことを考えていた。

その後、僕らは海中道路と浜比嘉大橋を渡って浜比嘉島に上陸した。勝連半島の沖合四キロメートルに浮かぶ浜比嘉島は人口五〇〇人足らずの小島で、大きく分けて浜集落／比嘉集落という二つの集落に分かれている。

月明かりとわずかな街灯だけに照らされた薄暗い浜集落をゆっくりと車で走っていると、どこからか不揃いな太鼓の音が聞こえてきた。すぐに車を止め、石垣で区切られた伝統的な集落のなかを小走りで進んでいく。期待と興奮から自分でも鼓動が早くなっていくのが分かる。

慎ましくもよく手入れされた美しい平屋の庭で演舞を披露していたのは、子供たちだけで構成される可愛らしいエイサー集団だった。子供たちは仏壇に向かって演舞する格好になっていて、軒先にちょこんと腰かけた老婆は、その姿を微笑ましく見つめながらゆっくりと団扇を扇いでいる。

子供たちの演舞は確かにたどたどしいものだが、きっと一〇〇年前も二〇〇年前も、浜比嘉島では子供たちがこうして辿々しい演舞を老人たちに披露していたのだろう。子供たちはひととおり演舞を終えると、親につれられて次のお宅へと向かっていった。翌日はっきりと分かることになるのだが、浜比嘉の道ジュネーはこうやって仏壇のあるお宅を一軒一軒回っていくのである。

エイサーの原風景のような光景に思いがけず遭遇し、僕とマコトくんは大きな感動に包み込まれていた。頭の上にはぽっかりと満月が浮かんでいて、遠くからは波の打ち付ける音が聞こえてくる。数分前に目撃したものがおよそ現実世界のものと思えず、僕らは遙か昔の見知らぬ集落にでもタイムスリップしてしまったような気分になっていた。

供養の踊りとしてのエイサー

八月一〇日（日）、いよいよ旧盆最終日となるウンケーの日。この日の夜もマコトくんと共に勝連半島～コザを走り回ることとなった。

実家でウンケーの儀式を済ませてきたマコトくんと合流したのが夜七時。まずは前日同様、浜比嘉島をめざす。ただし、この日は前日訪れた浜集落ではなく、島の反対側に位置する比嘉集落へ。こちらは浜集落以上に古い家屋が多く、前日に続くタイムスリップ感を早くも味わう。

集合場所となる集会所に辿り着くと、すでに装束に身を包んだ踊り手たちが集まっていた。リラックスした何ともいい雰囲気だ。ほどなくして彼らは集落の中心部に位置するお宅の庭へと入っていく。庭といってもかなりスペースは広く、立派なスピーカーがセッティングされているほか、地謡用のマイクも用意されている。見物人の数も多いが、おそらくほとんどが集落の方々なのだろう。あくまでも集落の祭りらしい慎ましい雰囲気が漂う。

いよいよ演舞がスタートする。若者たちが手にしているのは与那城青年会と同じパーランクー。大太鼓／小太鼓を持っている者はおらず、パーランクーの乾いた音色が集落に響き渡る。それだけで東京の沖縄イヴェントで目にしていた派手でエンターテインメント要素の強いエイサーとはまったく違う。ここでの一斉演舞を終えると、四組に分かれて集落の家々を回ることになるのだが、前日の子供たちと同じように、やはり演舞は仏壇に向かって行われる。何のために彼らはパーランクーを叩き、踊りを踊っているのか——浜比嘉島ではそれがはっきりしている。ここでの演舞は明らかに死者と先祖に向けられたもので、まるで仏壇に手を合わせるように彼らは踊り続けるのである。

集落の家々を回った後は、浜辺の広場に用意された祭り会場であらためて一斉演舞が行われる。地謡を務めていた年配の男性は、真っ黒に日焼けした顔をギラつかせながらこう言って笑った。

「最後の広場は生きている人間に向けてやっとるから、みんな力を抜いてる（笑）。仏壇の前でやるほうが力が入るね」。

沖縄の人たちは先祖のことを実際に目の前に存在しているかのように話し、存在していることを前提とするかのように演舞を行う。先祖がとても身近なものであり、だからこそ儀式そのものにリアリティーがあるのだろう。そのことを実感し、僕はあらためてエイサーの魅力を知ることになった。

コザの諸見百軒でオーラセーを体験……？

浜比嘉島からコザに向かう道すがら、僕らは数多くの青年会に遭遇した。なかにはジャマイカ人もびっくりの巨大サウンドシステムで轟音を鳴り響かせている青年会もあって、エイサーがダンスホール・レゲエと同じくサウンドシステム・カルチャーという側面を持っていることにも気づかされた。

僕らが最後にめざしたのは、コザの諸見《もろみ》百軒通り。小さなスナックや飲食店が点在するこの通りは、オーラセーのメッカとしても知られている。そのため、僕らが到着した夜一一時すぎにはオーラセーを一目見ようとする人々でごった返していた。

百軒通りは決して広い通りではない。ふだんであれば車がかろうじてすれ違える程度の幅しかないが、この通りにコザ周辺の青年会が次々に入り、熱い演舞を繰り広げていくのである。最終日のラストということもあって、僕の前を通り過ぎていくのは興奮と疲労が入り混じったような紅潮した顔ばかり。狭い通りにただならぬ空気が充満している。

各青年会が演奏しているのは、エイサーでもっとも知られているであろう曲〝唐船《とうしん》ドーイ〟。だが、この時間の諸見百軒で鳴り響く〝唐船ドーイ〟はひと味もふた味も違う。ミニマルに繰り返される三線のメロディー、重厚な太鼓のビート、凄みのある地謡の歌声。僕はこれほどまでに迫力のある〝唐船ドーイ〟を聴いたことがなかった。戦いに向かう戦士たちの歌、紛れもないウォリアー・ソングである。

百軒通りの興奮がピークに達したころ、ひときわ迫力のある〝唐船ドーイ〟を聴かせていた山里青年会が、向かいから進んでくる青年会に対して前進を始めた。先頭は地謡を乗せたトラック。

上：浜比嘉島比嘉集落のエイサー（写真：桑村ヒロシ）

下：緊張感と熱気が漲る、コザ・諸見百軒
通りのクライマックス（写真:大石始）

続く大太鼓のリーダーたちの表情には鬼気迫るものがあり、通りの観客たちもその迫力に押し出されるように思わず後ずさりする。道の向こう側からも地謡の乗ったトラックがやってきて、ついに二台のトラックが交差した。オーラセーが始まる！

だが、山里青年会の迫力に圧倒されてしまったのか、向こう側からやってきた青年会は後が続かない。結局、地謡が一瞬交差しただけで、オーラセーが実現することはなかった。

このような〈オーラセー未遂〉はままあるようで、マコトくんもその前年にすんでのところでオーラセーを見逃していたそうだし、僕らと同じように音の喧嘩を楽しみにしていたという沿道の年配女性は「去年も観られなかったのよ！」と悔しがっていた。そもそもオーラセーとはタイムテーブルに組み込まれた恒例行事などではなく、青年会の面々による心意気で成り立つセッションのようなもの。今年観られなかったら、また来年コザに来るしかない。僕とマコトくんはそう自分たちに言い聞かせながら、百軒通りを後にしたのだった。

先祖供養のために踊り、歌い、太鼓を叩く。そうした行為は現代の日本の都市生活においてはいささか浮世離れしたものに思えるかもしれない。日本であればどこでも行われている宗教性の薄い夏祭り的盆踊りで〝東京音頭〟を踊る際、先祖への思いが込み上げてくることはまずないだろう。

だが、この日本にはいまだ仏壇に向かって手を合わせるように踊られる伝統行事が数多く存在する。沖縄本島中部のエイサーはまさにそういうものだった。エイサー団体の人々は踊りや歌を通じて先祖とコミュニケーションを取る。たとえ規模の大きなコザや北谷のエイサー団体にしても、その踊りやリズムの底には仏事としての性格が横たわっているように僕には感じられた。そして、もともとはエイサーにおける〈擬似的な喧嘩〉を見にきたはずだった僕は、エイサーを通じ、踊りや歌という行為が古来から持っていたであろう根源的な意味・目的というものに思いを馳《は》せていた。

ところで、聞くところによると北部のエイサーがまたとんでもなくディープだという。こうしてエイサーの底なし沼へとハマっていってしまうフリークが後を絶たないという話は以前から耳にしていたが、僕もひょっとしたらその底なし沼にすでに一歩足を踏み入れてしまったのかもしれない。沖縄の人たちには大変失礼な話だが、エイサーがこんなにもディープでおもしろいものだなんて僕はまったく知らなかったのだ！

［参考文献］
●宜保榮治郎『エイサー 沖縄の盆踊り』（那覇出版社）
●御代英資『沖縄エイサー誕生ばなし 袋中という坊さまの生涯』（東洋出版）
●沖縄市企画部平和文化振興課・編『エイサー３６０度 歴史と現在』（沖縄全島エイサーまつり実行委員会）

⑫

炭坑の町で盆踊りの原風景に触れる

福岡・香春町の盆踊り

（2014年8月13日）

毎年香春町総合運動公園を舞台とする〈ふる里かわら夏まつり盆踊り大会〉も行われるが、本章で紹介するのは福岡県田川郡の各地域で行われる盆踊り。供養の盆踊りが奉納されるのは各盆踊り団体によって異なるため、詳細は各団体まで。また、盆踊りが行われるのは個人のお宅の場合も多いため、立ち入る際には団体の許可も必要。

水平にカットされた山

「山の上半分がないからビックリするでしょ？　毎日昼の一二時になるとハッパをかけてドカン。窓がカタカタッて鳴るんですよ。自分らは子供のころからあの音を聴いて育ったんです」
〈盆踊一家・香春岳《かわらだけ》〉の会長、岩丸将生《まさなり》さんはこう言って笑う。

福岡県内陸部、筑豊地域に位置する田川郡香春町《かわらまち》。三方を山で囲まれたこの町のシンボルが香春岳だ。誰もが知る盆踊り歌の大スタンダード〝炭坑節〟のなかで〈香春岳から見下ろせば／伊田の立坑が真正面〉と歌われた香春岳。三つの山の連なりで構成されているこの山のうちのひとつ、一ノ岳はもともと四九一メートルの標高があったが、昭和一〇年よりセメント用の石灰採掘のために上部が消失。まるでケーキをカットしたかのように水平に切り取られ、現在では二五〇メートルほどの高さになってしまった。

かつて五木寛之は『青春の門　筑豊篇』の冒頭で「香春岳は異様な山である。決して高い山ではないが、そのあたえる印象が異様なのだ」と記したが、確かにそのルックスは異様だ。セメント工場に資源を提供するため、同じように無惨に削り落とされた埼玉県秩父の武甲山を連想させる。

よく知られているように、香春町を含む筑豊の広い地域は一九五〇年代のエネルギー革命まで日本最大規模の炭田として賑わった。その名残りは今も点在する炭鉱住宅の跡地のほか、ボタ山と呼ばれる捨石の集積場にも見ることができる。筑豊の経済は山を削り落としたり平地に山を作ったりと、地形そのものに激しく手を加えながら発展してきたのである。

ある日、僕は福岡のコウタロウくんとハッシーくんという信頼する二人の友人から、田川郡の各地域で行われているという盆踊りに関する情報を入手した。聞くところによると、その盆踊りとは踊り手と太鼓打ち、それと〈口説き〉と呼ばれる音頭取りがひとつのチームを作り、初盆のお宅を一軒一軒回っていくのだという。初盆のお宅を回るということは死者を供養する儀式としての意味合いが強いわけだが、似た形式のものは福島県いわき市に伝わる〈じゃんがら念仏踊り〉など各地で行われているので決して珍しいものではない。

ただし、田川の場合は口説きと呼ばれる音頭取りがいるのが変わっている。しかもコウタロウくんが撮影した数年前の映像を観ると、口説きはやたらとエコーがかかったカラオケ用スピーカーのようなものを使っていて、節回しはまるで河内音頭のよう。タイ北東部イサーンで歌い継がれているルークトゥンやモーラムといった大衆音楽を思わせるところもある。

しかも口説きに合わせて踊っているのは腕っぷしの強そうな若者ばかり。しんみりとした供養というよりも、宴会の延長上のごとく楽しげな雰囲気だ。それでいて、盆踊りの原風景に触れているような空気もあって、映像を観ているうちに〈この踊りの輪のなかに入ってみたい〉という思いが自分のなかでムクムクと沸き上がってきた。

興味を持った僕はさっそく調査を開始した。だが、まったくといっていいほど情報が見つからない。八月一五日に香春町運動公園で行われる〈香春盆踊り〉に関してはすぐ調べがついたのだが、コウタロウくんとハッシーくんが教えてくれた一三、一四日の供養の盆踊りに関してはどこを探してもめぼしい情報が出てこないのだ。

あとから分かったことなのだが、一三、一四日の盆踊りは田川郡の外でもほとんど知られておらず、知る人ぞ知る盆踊りなのだった。こうなると、現地に行って自分の目と耳で確かめるしかないわけで、僕はコウタロウくんとハッシーくんを誘って香春町を訪れることになった。

「盆踊り団体同士の喧嘩が恒例になってて（笑）」

まずお話を伺ったのは、冒頭で発言をご紹介した盆踊り団体〈盆踊一家・香春岳〉の会長、岩丸将生さん。香春に育った彼は一〇年前に同団体を立ち上げたそうで、現在の所属人数は二〇人ほど。岩丸さんが一番年上で三〇代半ば、最年少は二〇代前半。中心となるのは三〇代だ。

メインの活動は毎年八月一三日と一四日の二日間、声がかかった初盆のお宅で行う供養の盆踊り。夜八時あたりからスタートし、毎年一日一軒か二軒のお宅を回る。老人ホームの夏祭りで演舞を披露することもあり、声がかかれば香春以外の地域に駆けつけることもあるという。

「香春には盆踊り保存会もあって、一五日の香春盆踊りは保存会がやってるんです。その日、僕らは近くの宮浦地区のお宮でやってる盆踊りの応援に行くんですよ。地元の人たちは〈お宮盆〉と呼んでるんですけど、若い子はほとんど来なくて、みんなでこっそりやってる感じ。小さい櫓が立つんですよ。お宮盆も一〇年ぐらい前までは朝五、六時までやってたし、一三、一四日の盆踊りも一日三軒回って朝までやるのはザラ。最近は近隣からの苦情もあって、朝まではできなくなっちゃって」

子供のころから当たり前のように盆踊りに触れていたという岩丸さん。では、彼はどのようにして太鼓や口説きを始めたのだろうか。

「小学生ぐらいから盆踊りはやってたんですよ。お菓子が配られるので、それ目当てというところはありましたけど（笑）。中学〜高校に入ると、酒を呑めるということで盆踊りに行くようになって（笑）。盆の間は呑んでも大人に怒られないんです。本格的に盆踊りに興味を持つようになったのはハタチぐらい。当時老人ホームで働いてたんですけど、そこの夏祭りでものすごいバチさばきで太鼓を叩く人がいたんですね。自分の二つ上の先輩だったんですけど、その姿に憧れて……いまだに目に焼き付いてますね。〈自分もやってみたい〉と思って、その先輩に太鼓を教えてもらうようになったんです」

まるでギターがうまい先輩に憧れる少年のような話だが、バンドマンにとってギターにあたる存在が岩丸さんにとっては盆踊りの太鼓だったのだろう。彼はこう続ける。

「かつて盆踊りをやっていた年配の方が飛び入りすることもあるんですけど、やっぱり流石ですよ。バチをグルングルン回したりして、ものすごく格好いい。口説きも昔は卑猥な歌詞が多かったそうで、会えばその話しかしないじいちゃんがいるんですよ（笑）。〈いいか？　昔の口説きはのお……〉って話し出すから、てっきりいい話でもするのかと思ったら、いかに昔の口説きが卑猥だったかっていう話を延々聞かされる（笑）。そのじいちゃんはこの近くに住んでるんですけど……あんまり大石さんには会わせたくないですね（笑）」

岩丸さんの話し口調は魅力的だ。現在進行形で盆踊りを楽しみ、継承している人ならではの活き活きとした話しぶりに、聞いているこちらもワクワクしてくる。

「ここ数年、田川郡全体でものすごく青年団が増えたんですよ。ちょっとしたブームのようになってて、香春だけでも五、六団体ぐらいの青年団がいますね。田川で盛んなのは川崎、大任《おおとう》、添

上：無惨に削り落とされた香春岳

下：水田に囲まれたお宅の広い庭で行われる鎮魂の盆踊り

田あたり。多いところだと一団体で百人以上もいるから、マイクロバスで移動するところもありますね。ただ、若い連中ばかりだから喧嘩も増えてるんですよ。初盆のお宅を回ってるときに喧嘩が起きることは絶対にないですけど、盆明けの火曜日に一〇団体以上が集まる盆踊り大会があるんですね。そのときは違う盆踊り団体同士で喧嘩になるのが毎年恒例になってて（笑）」

青年団が増えている理由を尋ねると、「うーん、ちょっと分からないですね。昔から出会いの場でもありますし……なんでだろう？」。僕は後ほど実際に盆踊りの現場を観ることで自分なりの回答を出すことになる。

岩丸さんたちはこの日の夜、香春からも近い方城《ほうじょう》（現・田川郡福智町）のお宅で盆踊りを行うことになっているという。あとで合流することを岩丸さんと約束し、僕らは次の取材に向かった。

秘祭のムード漂うかつての香春町盆踊り

岩丸さんと別れたあと、僕らは香春町観光協会の桃坂豊さんに話を伺った。桃坂さんは協会の事務局長を務める一方、数々の著作がある著述家であり、筑豊の歴史と文化に精通した郷土史家でもある。昭和三五年生まれというから、かつての盆踊りの風景を知る世代だ。

まず桃坂さんが見せてくれたのは、香春の盆踊りを取り上げた二〇年ほど前のテレビ番組の映像。

そこに映し出される盆踊りの模様はコウタロウくんが見せてくれた現在のものとかなり違っていて驚かされた。バンコと呼ばれる畳一畳ほどの板の上に乗るのは三味線と太鼓の囃子方。口説きはその横に立ち、踊り手たちは彼らの周りで踊っている。踊り手のなかには顔がほとんど隠れるぐらいに深く笠を被っている者もいて、その姿はどこか秋田の西馬音内盆踊りを思わせる。現在の盆踊りのあっけらかんとした雰囲気とは異なり、どこか秘祭のムードがあるのだ。

役場でいただいた資料によると、かつての香春では一三日から一五日の三日間、それぞれの村ごとに盆踊りが行われていたらしい。当時は新盆の家だけでなく、村中の家々を回ったそうで、踊りは明け方まで続いたという。衣装は浴衣と下駄ないしは草履《ぞうり》、手に団扇を持って編み笠を被る。女は浴衣の下に赤の腰巻きに長襦袢《ながじゅばん》、編み笠のうしろに赤布をたらし、白布で顔を隠す。男のなかには女装をするものもいたという。

「沖縄にシーミー（清明祭）という風習がありますけど、あれなんかは家族以外の人もお墓に集まって酒を呑みますよね。昔の香春の盆踊りはああいう感じで、〈仏さんがいるから盆踊りして帰ろう〉みたいにいろんな人が気軽に参加するものだったんですよ。でも、このへんもだんだん人が減ってきて、団体に頼らざるをえなくなった。ここ一〇年ぐらいでだいぶ変わりましたね」

桃坂さんは続ける。

「本来、香春の盆踊りは他の地域と少し違うんです。テンポがゆっくりしていて、三味線が入る。もともと香春岳の麓《ふもと》には裕福な商人が住んでいて、彼らが習い事として三味線を覚えるようになった。それでみんな三味線を持っていたんですね。現在は保存会が中心になって当時の踊りを復活させようという動きもあるんです」

香春の盆踊りの起源ははっきりとしない。口説きのひとつとして〝香春岳落城秘聞〟という題材があるが、これは一五六一年、豊後《ぶんご》の大友宗麟《そうりん》によって攻め立てられた香春岳城城主、原田義種と清瀬姫が自害するまでの悲話を語るもの。盆踊りそのものも城主の供養を目的として始まったという謂《いわ》れがある。

なお、〝香春岳落城秘聞〟はもともと盲僧《もうそう》の琵琶法師が語っていたテーマだそうで、香春の盆踊りが九州北部に伝わるさまざまな芸能や風習の影響のもとに成立していることは間違いなさそうだ。

桃坂さんは「ここ（香春）はおもしろい場所なんですよ」と話し、こう続ける。

「香春岳で銅が取れたので、朝鮮半島からの渡来人がかなり移り住んでいたんです。そのこともあって、香春には独特の文化がある。そういうベースの上に祭りや盆踊りがあるんですよ」

桃坂さんも執筆されている『宇佐八幡と古代神鏡の謎』では、田村圓澄さんが興味深いことを書いている。いわく、香春という地名は朝鮮半島の新羅から渡来した神を祭る山の名〈カハラ〉からきているのではないか。〈カハラ〉とは古代朝鮮語の〈カパル〉、すなわち〈けわしい所〉を意味しており、その山とは香春岳のことではないか。新羅からやってきた渡来人は〈カパル〉の山の麓に銅が眠っていることを新羅系渡来人の辛島氏などから聞き、銅の採掘などの作業に従事するためにこの地に来たのではないか——田村さんはそんな仮説を立てている。

桃坂さんもまた、「香春岳は三つの山が連なっていて、しかも石灰岩だから真っ白なんですよ。形が揃ってるだけでも神秘的なのに、真っ白だから渡来人は神様が住んでると思ったのかもしれませんね」と話す。

香春岳周辺の村落の歴史は古い。一ノ岳の南西側山麓に広がる縄文時代〜古墳時代の遺跡群〈五徳畑ヶ田遺跡〉からは大量の鋳造《ちゅうぞう》鉄器が出土したというし、香春岳の銅は宇佐八幡の御神鏡や奈良の大仏の鋳造にも使われたという（このあたりに関しては『宇佐八幡と古代神鏡の謎』における桃坂さんの論考に詳しい）。加えて、同じ田川郡の添田町と大分県にまたがる場所には、羽黒山（山形県）および熊野大峰山（奈良県）と共に日本三大修験山とされる英彦山《ひこさん》があり、香春に伝わる祭りや儀式には修験道の影響を残すものもある。

僕は友人が見せてくれた盆踊り映像をきっかけに軽い気持ちで東京から飛んできたわけだが、

僕が足を踏み入れた地は、日本の古層にも繋がる深い深い歴史と文化が息づく場所だったのだ。

「盆踊りは空気みたいなものなんですよ」

夜七時半。岩丸さんと再度合流し、現在は合併して福智町となっている方城をめざす。

大きな国道を走り続けるうちに次第に道の幅が細くなり、水田に挟まれた細い一本道となった。辿りついたのは、水田に囲まれたのどかな農村のお宅。街灯は少なく、民家の灯りもまばら。頭上には今にも降ってきそうな満点の星空が広がっていて、カエルの鳴き声があちこちから聞こえてくる。盆踊りのシチュエーションとしては完璧だ。

岩丸さんたちは到着するやいなや太鼓のセッティングを始めた。庭の端には参加者用だろう椅子がセッティングされている。岩丸さんたちに案内され、僕らもお宅の中に入る。亡くなったのはこのお宅のおばあちゃんで、一〇四歳の大往生だったらしい。僕らも遺影に向かって手を合わせ、喪服姿のご遺族の方々にご挨拶をする。暗い雰囲気はなく、家の中にも外にも笑い声が広がっている。

夜八時すぎ、いよいよ盆踊りがスタートする。一番最初に口説くのは青年団のトップという決まりがあるため、まずは岩丸さんがマイクを握る。音響システムはコウタロウくんが見せてくれた動画同様、小さなカラオケ用スピーカー。エコーがたっぷり効いていて、さっそく七〇年代後半のジャマイカにタイムスリップしたような感覚に陥る。演奏は大太鼓ひとつ。その太鼓を囲むように踊りの輪が広がる。岩丸さんはこう話す。

「やろうと思ったら口説きは何時間でもできるんですよ。でも、それだと踊り子が飽きてくるので、雰囲気を見て節を変える。踊りは一節一節に決まった振り付けがあって、口説きは踊り子を飽きさせないように節を選んでいくんですね」

岩丸さんたちの団体がレパートリーとしている口説きは全部で七つ。曲名というよりも合いの手のフレーズで区別しているそうで、〝さよさよ〟〝よいとさ〟〝はよな〟〝いちかけ〟〝すたこら〟〝ほんや〟〝とこさんや〟という種類があるという。岩丸さんによると「昔の鞠遊びで使われていたような数え歌、言葉遊びを元にしたものが多いようですね。あとは兄弟心中みたいな悲話とか、〝香春岳落城秘聞〟の節を入れた口説きもあります」とのこと。どれもリズミカルでありながら語り物の雰囲気も残していて、実際に聴いてみると、やはり河内音頭に近いものがある。それも三味線やギターが入った現代河内音頭ではなく、そのルーツにあたる〝交野節《かたのぶし》〟のように古い音頭のスタイルを連想させるのだ。

「ベテランになると自分でオリジナルな言葉も入れていくんですよ。たとえば、〈アサヒ・ビールはちょっと辛い〉とか（笑）。念仏的な言葉はほとんど入ってこないですね。踊り子に対して〈声を出さないと仏さんに失礼だぞ〉みたいに煽る場合はありますけど。感覚としては、踊りの輪のなかに仏さんもいるという感じ。場所によっては櫓の上に笠がかかってるところがあるんですけど、その場合は〈この笠の下で見てくださいね〉という仏さんへの目印みたいなものですね」

櫓の上に立てられる笠は神霊が舞い降りるための依代を意味しているのだろう。その点ひとつとっても、香春の盆踊りが古来からの儀式としての意味合いを色濃く残していることが分かる。

時間が経過するに従って、踊りの輪は徐々に熱を帯び始める。団体の踊り手だけでなく、ご遺族やその友人たちも踊りの輪に加わり、少しずつ踊りの輪が大きくなっていく。

ただし、そのムードは相変わらずストイックなものではない。赤ん坊を抱きながら楽しそうにステップを踏む男性がいれば、お酒が入ったご遺族がネクタイを緩めて踊っていたりもする。全員が全員ステップを覚えているわけでもないようで、輪のなかで缶ビール片手に楽しげに歩いているだけの方もいる。周辺ではヤンチャな子供たちが大騒ぎしていて、ときたまド派手に大ゴケして号泣している。

ああ、なんだか明治以前の村祭りみたいじゃないか。踊りの輪の外で静かに高揚していた僕らにも缶ビールが回ってきて、あっという間にホロ酔い状態になってしまった。

やはり、この盆踊りでも〈部外者〉であることは許されないのだろう。亡くなった方の供養のために酒を呑み、踊りの輪に加わることが一種の〈礼儀〉なのである。

そういえば、桃坂さんも「見よう見まねでいいから、ぜひ一緒に踊ってみてくださいね。外から観てても何も分からないですよ」とおっしゃっていたではないか。

僕らはエイ！　と踊りの輪に加わった。その瞬間、自分の立場が傍観者から参加者へと変わり、踊りの風景が一変した。身体は太鼓のビートと口説きによって汗ばんでいくものの、頭はどこか冷静で、亡くなったおばあちゃんに手を合わせるような感覚がしっかりと残る。言葉にならない思いが胸いっぱいに広がり、なぜかひどく涙腺が刺激された。僕はハッシーくんやコウタロウくんに見られないよう涙を拭《ぬぐ》った。

このように送り出される者は幸せだ。僕が死んだとき、どのように送り出されるかは分からないが、せっかくだったらこんなふうに賑やかに送り出されたい。ふと桃坂さんのこんな言葉が思い出される。

「男の友人同士だと〈俺が死んだら骨を拾ってくれ〉とか言うじゃないですか。香春ではそういう感じで〈俺が死んだらお前が踊ってくれ〉と言うんですね。ここの人たちにとって盆踊りは空気みたいなものなんですよ。なければ困るものなんです」

時計の針は夜一〇時を回り、踊りの輪はさらに大きくなっていく。最後の最後、岩丸さんは携帯電話に入っていた〝炭坑節〟の音源を再生し、みんなでひと踊り。〝炭坑節〟の故郷の地でこの踊りを踊れるとは思わなかったこともあって、またもや感無量。頭の上にはポッカリ月も浮かんでいるし、まったく泣きたくなるぐらいに完璧なシチュエーションだ。

太鼓と口説きが止まった後、ご遺族の代表の方に改めてご挨拶させていただく。おそらく僕と同世代だろうその男性は「今日はありがとうございました。ばあちゃんは一〇四歳で亡くなったんです。一〇四歳で……」と言い、言葉を詰まらせた。感極まったその表情に、ふたたび僕の涙腺も緩む。

今回の取材で岩丸さんと僕らを繋げてくれた田川在住の友人、ユウスケくんの車に乗って僕らは方城を後にした。岩丸さんが話していたとおり、夜一〇時を過ぎているというのにあちこちで盆踊りが行われている。中心となる世代は二〇代から三〇代。なかには岩丸さんたちよりもヤンチャそうな団体もいる。思う存分踊りを踊って酒を呑めるわけだから、これは無条件に楽しいだろう。夏の遊びとしては最適だろうし、そりゃ青年団も増えるわけである。

車を運転しながらユウスケくんは「田川、いいところでしょう?」と話す。「うん、本当にそうだね」という僕の返事に一切の社交辞令はなかったけれど、すぐにこんな思いが込み上げてきた。僕はあんなふうに自分の地元を誇れるだろうか? 国ではなく、自分が育った土地を、土地の文化を、あんなふうにまっすぐに誇れるだろうか?

かつての炭坑の町には活き活きとした盆口説きが鳴り響いていた。本当のことを言うと、僕は彼らのことが羨ましくて羨ましくて仕方がなかったのである。

［参考文献］
●五木寛之『青春の門 筑豊篇』（講談社）
●『歴史と伝統の町　香春町文化財ガイドブック』（香春町教育委員会）
●『五徳畑ヶ田遺跡（概報）香春町文化財調査報告書第一一集』（香春町教育委員会）
●田村円澄、桃坂豊、木村晴彦『宇佐八幡と古代神鏡の謎』（戎光祥出版）

⑬

異人やケモノも登場する農村の一大スペクタクル

鹿児島・市来の七夕踊

(2015年8月9日)

毎年旧暦の七夕にあたる8月7日に近い日曜日、鹿児島県いちき串木野市大里地区の中福良、門前、払山という3つの集落で行われる伝統行事。1981年には国の重要無形民俗文化財にも指定されている。問い合わせはいちき串木野社会教育課、または市来の七夕踊公式ホームページまで。

個性豊かな薩摩半島の太鼓踊り

二〇一五年八月、祭り行脚の旅を始めてから何度目かの夏がやってきた。

この年に限ったことではないが、僕らはシーズンごとに取材の重点を置くエリアを決めるようにしている。ひとシーズンで異なる地域の祭りを飛び回るのはなかなか体力が必要だし、ひとつの問題意識のもと、特定の地域にじっくりと向き合ったほうが当然そのエリアの文化や風土を深く知ることができるからだ。

この二〇一五年の夏、僕らは鹿児島県南部、薩摩半島に幾度となく足を運んでいた。ほぼ毎週のように鹿児島空港に降り立ち、空港内の長距離バス売り場でチケットを買うと、一路薩摩半島をめざす日々が続いた。

東シナ海にポカンと突き出したようなこの薩摩半島は憧れの地でもあった。薩摩半島で継承されている祭りはとにかく個性的なものが多く、装束ひとつとってもエキゾチックな魅力に溢れている。写真を見ただけでは台湾原住民かアンデスのインディヘナ、もしくは南太平洋の先住民の祭祀かと勘違いしてしまうほどだ。

たとえば、僕らも取材に訪れた南さつま市金峰町の〈ヨッカブイ〉。シュロの仮面を被った男たちがカマスと呼ばれる袋のなかへ子供を放り込んでいくという、ある意味では〈薩摩のナマハゲ〉

のようなものだが、その見た目が実に恐ろしい。ほとんど諸星大二郎の漫画に出てきそうな感じで、夜道で出会ったら僕でも泣いてしまうだろう。もしくは、南薩摩市知覧《ちらん》町の〈十五夜ソラヨイ〉。藁の蓑笠を着けた子供たちが輪になり、闇夜のなか輪になって四股《しこ》を踏むというこの十五夜行事などは、どこかハワイの先住民族の伝統儀式を連想させる。

このように南西諸島や異国からの影響をつい妄想したくなるようなエキゾチックな祭祀が数多く継承されているのが薩摩半島という場所なのだ。

そんな薩摩半島の民俗芸能の特徴をもっとも分かりやすい形で現しているのが、各地で継承されているさまざまな太鼓踊りだ。太鼓踊りとは太鼓や羯鼓《かっこ》などを打ち鳴らす風流踊りの一種で、その目的は雨乞いや死者の供養（精霊送り）、害虫駆除（虫送り）、戦勝を記念するものなどさまざま。全国に多種多様な太鼓踊りが継承されており、土地によって装束や太鼓のリズム、踊り、歌（念仏）が大きく異なる。

薩摩半島には現在約二百の太鼓踊りが継承されているとされるが、集落ごとの違いがかなりはっきりとしている。

ブラジルのカーニヴァルのような装束が強烈なインパクトを放つ日置市吹上町の伊作《いざく》太鼓踊り。直系一二〇センチを越える巨大な大太鼓が重低音を鳴り響かせる日置市伊集院町の徳重《とくしげ》大バラ太鼓踊り。少し地車囃子にも似た鉦の高速リズムが強い印象を残す南さつま市加世田《かせだ》の津貫豊《つぬきほ》祭《ぜ》太鼓踊り。
ひょっとしたら集落同士で装束の奇抜さやリズムのオリジナリティーを競い合っていたのでは？と思えるぐらいにどれもが個性的で魅力的なのだ。そして、その違いから土地の風土や歴史がうっすらと透けて見えてくるのが薩摩の太鼓踊りのおもしろさとも言える。

僕らが薩摩半島に強い関心を持つきっかけとなったのは、いちき串木野市の大里地区で行われている市来《いちき》の七夕踊だった。〈七夕踊〉といっても笹の葉に短冊を吊るし、願をかけるなんていう物静かなものではない。炎天下の真っただ中、ありとあらゆるキャラクター（という説明は乱暴なのだが、とりあえずこう記しておく）が喧《やかま》しく目の前を行き交い、虎や牛の巨大な張り子が暴れまくるのだ。あくまでも分かりやすく説明するとある種のパレードのようなものとも言えるが、そんな行列の中心をなすのが、やはり太鼓踊りなのである。

初めてその映像を観たとき、僕はブッ飛んでしまった。動物張り子の素朴な可愛らしさ。決して派手さはないが、深い歴史を感じさせる太鼓踊りの響き。パッと見ただけでは何が何だかよく分からない謎のキャラクターたち。まさに農村世界に華開いた田園スペクタクルである。

巨大な虎や牛、琉球王が次々に登場！

その由来や目的は後述するとして、まずは市来の七夕踊の登場人物をご紹介しよう。

まず登場するのが、〈作り物〉と呼ばれる動物張り子だ。先頭を切るのはピョンピョンと跳ね回る鹿。中には四人の青年が入っており、鉄砲を持った三人のシカトイ（鹿捕り）を伴う。

「虎がくっどー」というトラトリ（虎捕り）の叫び声に続いて登場するのが虎。見た目はどこか猫を思わせるユーモラスな雰囲気だが、これがかなりの迫力。急に回転することもあり、運悪く虎にはね飛ばされた観光客の女性は河原の土手を三メートルほど転げ落ちていた。ここではトラトリとの狂言めいた滑稽な芝居も披露され、観客の間でも大きな笑いが沸き起こる。

続いて登場するのが牛。後ろ足を大きく跳ね上げるのが見せ所で、こちらもかなりの迫力だ。

そして、作り物の最後尾を飾るのが鶴。他の作り物に比べて小型だが、口に稲穂をくわえているのが興味深い。これは稲穂をくわえた鶴が穂を落とし、稲作が伝えられたとする白真名鶴伝説を連想させられる。この伝説は先に紹介した三重県磯部の御神田にも見られるものだ。

なお、作り物の骨組みは青竹で作られており、そこに紙や布、シュロが貼られ、独特の色彩が施されている。決して作り込んだものではないが、素朴でダイナミックなその造形には農村らしい逞しさと躍動感があり、よくぞここまで愛嬌のある造形が思い浮かんだものだと感心してしまう。

華々しい作り物の後ろには行列が続くのだが、こちらの登場人物もとてもおもしろい。まず先頭を切るのが、なんと琉球王の行列。島津氏の戦勝を祝って貢《みつ》ぎ物を持ってやってきた琉球王を模したものだそうで、琉球人踊りと呼ばれる踊りを踊るものもいる。また、この琉球王行列には〈ジ

右ページ：虎とトラトリ（虎捕り）のユーモラスなやりとりに笑いが起こる
左ページ：まるで本物のように砂埃をあげる牛。後部をひょいと持ち上げる動作が見せ場

キジン〉と呼ばれるキャラクターがいるのだが、これなどは沖縄本島のエイサーに登場するチョンダラーにそっくりで驚かされる。

この後、大名の参勤交代の模様を模した大名行列が続く。馬簾《ばりん》振り、オボロ、薙刀《なぎなた》、お腰物持ち、はさみ持ち、弓台持ち、御傘持ち、槍持ちというさまざまな役回りを演じる者たちが続き、行列はなかなか途切れることがない。

だが、じつはここまでは前座。七夕踊の本当の主役は、最後尾に控えた太鼓踊りだ。

もともと七夕踊は太鼓踊りのみによって行われていたというが、村民たちの遊び心によって作り物や琉球王行列・大名行列が加わるようになったという。あまりの派手さゆえ、今ではそちらのほうがメインとなってしまったが、七夕踊の主役はあくまでも太鼓踊りだ。

つまり、薩摩半島の太鼓踊り同様、市来の七夕踊も他の集落との差別化などを図っていくうちに巨大化し、現在のような一大パレードにまで発展していったのだ。

「七夕踊は盂蘭盆の前に行われるので、お盆の前踊りの意味もあるようなんですね。ですから、七夕踊が終わらないと本当のお盆がこない。盛夏に奉納されますので、〈なんでこんな暑い夏にやらないといけないのかな〉とか〈収穫の終わった秋であれば踊りやすいのに〉など冗談で言い合ったりするんですが、七夕踊には真夏の太陽と青い空と白い雲、そして田園の緑が広がる真夏が一番似合うことをみんな知っています。七夕踊がこないと本当の夏も来ないし、七夕踊が終わらないと夏も終わらないという感じでしょうか」

こう話すのは、七夕踊保存会で広報宣伝部長を務め、祭り当日は〈庭割《にわわり》〉（踊り全体を総括する立場。踊りの指導や踊り子の配置、進行などを執《と》り行う）を担当する東瀬戸満さんだ。東瀬戸さんは大里地区の生まれ。「物心ついた頃から身近に七夕踊があった」と言う。

「私の集落では踊りの前日、集落総出で作り物の虎を作るのですが、その風景を一日中近くで見ていた記憶があります。以前は踊り手も多かったので、たとえ見物人はそんなにいなくてもたくさん人がいるように見えました。踊り手だけでも二〇〇人から三〇〇人はいたと思います。それと、踊りも上手だったと思いますね。鹿は鹿らしく、虎は虎らしく、牛は牛らしく。牛も必ず二匹か三匹は奉納され、行列ものも人が多くて長かった。とにかく華やかだったんですよ」

七夕踊は天和四年（一六八四年）、大里地区の水田の開拓が終わったことを記念して行われた祝賀の踊りを原点としている。先述したように太鼓踊りは戦勝を記念したものなどさまざまな種類があるが、市来の七夕踊は念仏踊り系列とされ、東瀬戸さんも「基本的には奉納おどりですので、神へ捧げるものです。五穀豊穣、そして先人への感謝の気持ちを込めて踊るものなんです」と話す。なお、〈七夕〉との名称がついているが、東瀬戸さんによると「七夕踊は織り姫・彦星の物語とはまったく関係がありません。かつて旧暦の七月七日に踊を奉納していたので〈七夕踊〉と呼ばれるようになったそうです」とのこと。

そんな東瀬戸さんご自身、かつては太鼓踊りの踊り手のひとりだった。いわば祭りの花形。その言葉にもさらに熱がこもる。

「太鼓踊りには役があります。太鼓踊りのリーダーである〈一番ドン〉、それを補佐する〈二番ドン〉は事前に決めます。そのほかの役に〈イデコヒキ〉〈座引き〉という役があり、一番の花形はイデコヒキですね。この役をもらうため、みんな一所懸命に稽古します。イデコヒキは三名で構成されるんですが、何の役をもらえるのかは、その集落の青年団の名誉にも関わってきますので必死です。私も昼夜を問わず稽古しました。稽古も三日目くらいになると腕が痛くて上がらなくなるんですよ。結局イデコヒキの役はもらえず、座引きの役をやりました。本番では花笠を付けて踊るんですが、鉢巻きをキツく締め付けるので、頭が痛くなります。ただし、一世一代のハレ姿でもありますので、踊当日の昼は親族郎党ご近所が寄り合って大宴会。懐かしいですね」

七夕踊の太鼓踊りは決して派手なタイプではない。装束も薩摩半島の他のものと比べれば、目立って特徴的だとはいえないだろう。だが、念仏踊りという源流を強く感じさせる、奉納と呼ぶにふさわしい太鼓踊りだ。

鉦の音色は鎮魂の響きを湛《たた》え、太鼓のリズムには五穀豊穣を願う農民たちの思いが刻み込まれているかのようだ。リズムの種類は全部で六つ。入場・退場それぞれのリズム二種類と、円陣を組んだ際のリズムが四種類。そして、そのうえで一二の歌があり、太鼓踊りに選ばれた青年たちはこのすべてを習得しないといけないわけだ。

また、この太鼓踊りは七夕踊におけるエンジンのようなものとも言える。太鼓踊りの前には作り物や行列が連なるが、異人たちやケモノたちが次から次へと登場する物語世界を押し進めているのが太鼓踊りのリズムである。このリズムがなければ七夕踊が前進することはない。いわば祭りの心臓部であり、エンジンであるのが太鼓踊りなのだ。

七夕踊を巡る厳しい現状と打開策

だが、七夕踊の現状は大変厳しい。日本列島の多くの祭りや伝統行事が直面しているように、担い手となる若者の減少をはじめとする集落の構造変化により、継続が厳しくなっているのだ。

七夕踊の運営組織をざっくりと説明しておこう。大里地区には全部で一四の集落があるが、現在運営に携わっているのは一二。作り物と行列物は代々担当が決まっており、太鼓踊りは各集落から若者がひとりずつ代表として選出される。東瀬戸さんは「集落の青年団の名誉にも関わってくるので必死」と話していたが、集落の代表だけにヘタなことはできないわけだ。

かつて七夕踊の奉納を行うのは各集落の青年団、それも男性のみと決まっていた。青年団に所属できるのは一五歳から二八歳まで。東瀬戸さんが青年団に入団した昭和四九年ごろは同じ集落内に二〇人ほどの団員がいたというが、現在ではわずか二、三人だという。青年団だけでは奉納できなくなったことから、平成七年に大里七夕踊保存会が発足。年々減少していく青年団を保存会が支えるという現在の運営体制が確立される。

だが、東瀬戸さんの見通しは大変厳しい。

「保存会は作りましたが、奉納の主体となる青年団の団員数はやっぱり激減しています。感覚的にいえば、一〇年前と比べて半減のペースだと思いますね。今のままでは、早ければ五年先、遅くとも一〇年先の奉納は厳しいのではないでしょうか。太鼓踊だけはなんとか奉納できるかもしれませんが、作り物と行列ものの奉納は厳しいと思います」

東瀬戸さんがポロッとこぼしたこの言葉は衝撃だった。なぜならば、実際に見るかぎり七夕踊は盛況そのもの。祭りの担い手となる青年たちは活気ある若者ばかりで、なおかつ観客も多い。ギリギリ存続しているような小さな祭りや民俗芸能を見慣れているせいかもしれないが、決して存続の危機にあるようには思えないからだ。

じつは東瀬戸さんと連絡を取り合うようになったのは、祭りが終わり東京に戻ってからのことだった。楽しかった祭りの記憶を自身のブログにアップしたところ、送られてきたのが七夕踊の現実を伝える東瀬戸さんのメールだった。それはどこか悲鳴のような内容で、僕は東京に帰ってきてから初めて七夕踊の厳しい現状を知ったのである。あの可愛らしい虎や猛々しい牛が五年後には見られなくなっているかもしれない——活気のある祭りの本当の姿を知り、僕は胸が締め付けられた。

だが、嘆いてばかりもいられない。東瀬戸さんもさまざまな策を講じている。

「〈不易《ふえ》流行〉という言葉にすべてが表されていると思います。奉納踊りという原点は忘れず、しかし、残していくためには変えるべきものは変えていく必要があると思います。昔は女人禁制の踊りでしたが、今は女性も可となりました。地域外の方々へも積極的に踊りへの協力を呼びかけています。ポスターを作ったり、写真コンテストの開催やチラシの作成などの取り組みを進めてきました。

地域の人たちと話をすると〈人がいないからね〉と言います。でも、〈人がいないから〉で終わったら踊りはおしまいです。人口減少とはいえ、日本には一億を超える人々が住んでいます。そういう人たちをいかに引きつけるか。都市と農村との交流など、やり方はたくさんあると思います。〈やってみたい〉と思う人をどれだけ多く集めるか、この点が今後を左右するんじゃないでしょうか。〈やってみたい〉と思う人は誰でも参加できるようにすべきだと思いますし、そのための体制作りと広報宣伝などが今後は重要だと思われます」

東瀬戸さんがまず重要視しているのは、地域全体で支援できる強固な体制作りだ。過疎化に対する地域の人々の考えはさまざまで、なかには〈何をやっても仕方がない〉という諦念を抱えている方も少なくない。そういった人々も鼓舞しながら、支援に向けた一体感を作り出していくことも大切なことだ。

そのために東瀬戸さんは地域住民への情報紙「速報七夕踊」を定期的に刊行している（僕も東瀬戸さんと出会った後にちょっとした短文を寄稿させていただいた）。今後は太鼓踊りを巡るシンポジウムもやっていきたいと考えているという。

また、どうしてもぶつかってしまう問題が財政だ。現在は行政からの補助金（八〇万円）や地域住民からの寄付、地域の企業からの寄付で七夕踊を運営しているが、決して余裕があるわけではない。そのため、「今、サッカーのサポーターを模した資金的な応援態勢を構築しようと考えています。特に市外在住で大里出身の方々は踊りに思い入れがあるので、そういう方々に対し、年会費二千円くらいでサポーターになっていただくようなことはできないかなと」考えているという。

東京からいちき串木野市まで足を運んだ僕の実感からすると、やはりいちき串木野市までは遠い。最寄り駅となるJR鹿児島本線市来駅から大里まではタクシーでおよそ一〇分。ただし、帰りの足を考えると、レンタカーなしで大里まで行くのはあまり現実的ではない。七夕踊の期間中、鹿児島空港から大里までのシャトルバスが何便かでもあれば、県外からもだいぶ足を運びやすくなるだろう。

また、太鼓踊りや作り物の作り方に関するワークショップが企画されてもいい。特に作り物の素朴な造形は、既製品にはない何とも言えない味わいがある。ある意味ではゆるキャラ的な味わいと言ってもいいかもしれないが、それを単にグッズへと展開していくだけでなく、村民と一緒になって作り物を作り上げていくというワークショップが考えられてもいいはずだ。そして、その先に七夕踊そのものへの参加へと誘導することはできないだろうか？

言うまでもなく、大里が抱えている問題は日本全国で見られるものであり、存続の危機に晒《さら》されている祭りや芸能は無数に存在する。そうした危機に対し、どのように対応していくべきか。各保存会や自治体のみならず、今後は僕らのような都市に住む祭り愛好家も積極的にアイデアを出していく必要はあるだろう。

水神と農耕神が見守る田園劇の今後

市来の七夕踊にはたくさんの魅力が溢れている。造形物としての作り物のおもしろさ。パレードとしてのカラフルな魅力。心臓部としての太鼓踊りのあり方。そして、その歴史的背景。

先にも書いたように、七夕踊は天和四年（一六八四年）に行われた祝賀の踊りを原点としている。この年号は決して当てずっぽうのものではない。大里川の近くには大里田園を開田したとき記念に建立《こんりゅう》された水神の石碑があり、地元の人たちはそれを〈いでかんさあ〉と呼ぶ。その石碑に刻まれているのが〈天和四年〉という年号なのだ。

東瀬戸さんは父の代からその水神の守をしており、毎月一日と一五日には榊と御神酒《おみき》を捧げている。水神は女性の神様のため、男性が守ることとされており、父の死後は東瀬戸さんがその役割を務めているという。

「就活の時、私は東京の製薬会社の営業に内定していて、県の職員になろうとは夢にも思っていませんでした。しかし、受験したら合格してしまったんですね。もしもそのまま東京の製薬会社に就職していたら、七夕踊にここまで関わることはなかったでしょう。七夕踊に関係する水神の守をする家に生まれた男児として、踊の継承を〈頼むぞ〉と運命づけられたのではないかと自分では思っています」

七夕踊は大里地区の三つの場所のほか、集落を見下ろす鶴ヶ丘八幡神社の境内でも太鼓踊りの奉納が行われる。鶴ヶ丘八幡神社の長い石段の先には青々とした水田が広がっていて、その畦には小さな〈田の神〉の石像が立っていた。

五穀豊穣をもたらす農耕神、田の神。その石像は九州南部の一部の地域だけで見られるものだそうで、取材中はあちこちで〈田の神〉と出会った。どこか愛嬌のあるその造形は作り物のそれとどこか通じるところがあって、制作者の愛着が滲み出ているようにも思えた。

水神と農耕神が見守る田園をステージとし、三〇〇年以上もの長きに渡って続けられてきた一大スペクタクル、大里の七夕踊。愛すべきこの祭りが今後二〇年三〇年と継続されることを願ってやまない。

[参考文献]

●「速報七夕踊」各号（七夕踊保存会）

●下野敏見『南九州の伝統文化Ⅰ 祭礼と芸能、歴史』（南方新社）

コラム6

それでも祭りを続けるのか？
――現代の祭りを取り巻くさまざまな問題と課題

各地に伝わる祭りの多くは時代の移り変わりとともに何らかの変化を経験してきたと言える。そうした変化を促したものとして、柳田国男は〈見物人の誕生〉を挙げている。

> 「一言でいうと見物と称する群の発生、すなわち祭の参加者の中に、信仰を共にせざる人々、いわばただ審美的の立場から、この行事を観望する者の現れたことだろう。（中略）神社を中核とした信仰の統一はやや毀《こわ》れ、しまいには村に住みながらも祭はただ眺めるものと、考えるような気風をも養ったのである。この気風はむろん近世に始まったものではない。従ってすでに明治以前からも、村里の生活にも浸潤していた」

柳田国男「祭から祭礼へ」（『柳田国男集第五巻』所収）

審美的観点から見物する者が現れる以前、それぞれの祭祀は神への奉納や何らかの仏教的目的のために行われていたわけだが、それを見物する人々が登場することによって、祭祀の担い手たちのなかでは〈見物人に対し、自分たちの祭祀を見せる〉という意識が生まれることになった。

同じように時代の移り変わりとともにあり方そのものを大きく変えてきたものに民謡（俚謡）がある。民謡は〈集落の人々の間で歌われるもの〉から〈ステージで見せるもの／レコードなどのメディアを通じて聴かせるもの〉へとあり方が変化していく際に、娯楽として誰もが楽しめるように歌の形式が整えられていった。集落ごとに異なっていた旋律は統一され、卑猥な歌詞はカットされ、三味線などを加えた華やかなアレンジが施されたのである。

祭りでも基本的に同じことが起きた。見物人たちをより楽しませるべく装束はより煌《きらび》びやかに、歌や踊りはさらに華やかになっていったのだ。そして、柳田国男が指摘するように、そうした変化は近世以前の段階から少しずつ現れてきたものだった。

だが、見物人の存在がよりはっきりと祭りに影響を与えるようになったのは戦後、それも高度経済成長期以降、高速道路や新幹線などの交通網が整えられ、それまで地域外の人々はなかなか足を運ぶことのできなかった場所にまでアマチュア・カメラマンが押し寄せるようになってからのことだ。少しでも対象に近づこうとベスト・ポジションを奪い合うカメラマンの姿は日本中どこの祭りでも見られる。もちろん僕らもそのひとりであることは重々承知しているものの、ときにはポジション争いの激しさゆえ殺伐とした空気が流れることもある。

主催側に立ってみると、見物人の存在は祭りを存続していくうえできわめて重要な意味を持っていることは間違いない。たとえ一年に一回のことに限られているとしても、多くの観光客を招き入れることによる経済効果を期待できるだろうし、祭り見物のためにその土地を訪れた観光客が、その後定期的に足を運ぶケースもあることだろう。町おこしのツールとして祭りを押し出していこうという例も枚挙に暇がない。

また、見物人の都合を考慮し、それまで旧暦の決まった日に行われていた祭礼を週末に固定する地域も増えている。もちろんそのぶん集客は増えるし、平日に仕事を休んで参加していた地元の人々にとっても喜ばしいことではある。だが、週末開催への移行は地域の祭礼が見物客のための〈イヴェント〉に変質したことも意味している。

森田玲は『日本の祭と神賑』のなかで、二〇〇六年より週末開催となった大阪の岸和田祭を例に上げながら、祭礼の週末開催に警鐘を鳴らしている。

森田が特に問題視しているのは、地車曳行《だんじりえいこう》の日程が毎年動くことによって、それまで一心同体であった岸城神社の例祭日と地車曳行の日が完全に分離してしまったという点だ。もちろん週末開催によって岸和田祭の観客動員は伸びた。だが、そもそも祭は何のために行われているのか？ 祭は誰のためのものなのか？ 森田の指摘はきわめて重要だ。

二〇〇一年七月、兵庫県明石市の明石花火大会で死者一一人、重軽傷者二四七人を出す大きな事故が起きた。最寄り駅となる山陽本線・朝霧駅南側の歩道橋で起きた群衆雪崩が原因だが、この事故以降、各地の祭りでバリケードが設けられるなど警備が厳しくなったと言われている。祭が週末開催となり、観客の数が増加すれば、当然警備も厳しくなる。だが、祭の参加者と見物人の間にはっきりとした線を引くことにより、祭祀はさらにイヴェント化する。極端にいえば、パレードやショウに近くなるのだ。

また、都市の祭礼以外でもこんな例がある。

沖縄県宮古島ではパーントゥという一種の奇祭が行われている。これは秋田のナマハゲとも通じる来訪神を祀った祭祀で、〈ンマリガー〉と呼ばれる神聖な泉の底に溜まった泥を被り、漆黒の来訪神となった三人の男が集落中に泥を塗りまくって悪霊を祓《はら》うというもの。泥を塗られることでカリー（嘉例）をつけられる（＝祝福される）わけで、本来はとてもありがたいことなのだが、この泥がまた強烈に臭い。そのため、人々は三人のパーントゥから逃げ惑い、集落中に奇声が響き渡ることになる。僕も取材したことがあり、確かに仮面を被ったパーントゥの姿は何とも言えぬ恐ろしさがあるが、基本的には実にほのぼのとした伝統行事である。

だが、近年は泥を塗られた観光客からのクレームが後を絶たず、怒った男性によってパーントゥが暴行されるというありえない事件も起きている。

そもそもパーントゥが行われる島尻地区は宮古島中心部から多少離れており、パーントゥを体験するため以外にはそうそう観光客が足を運ぶことのない場所だ。クレームをつけた観光客もパーントゥを見るために島尻を訪れたと思われるが、それにもかかわらず、泥をつけられたとクレームをつけるというのはなんとも理解のできない話である。

聞くところによると、近年はナマハゲを幼児虐待として批判する声もあるそうで、パーントゥのようなケースは（表沙汰にならないものも含め）各地で起きているのかもしれない。

そもそも祭りとは本質的に日常のルールが適用されない領域で行われるものである。加えて、現代とは社会構造そのものが大きく異なるかつての村落社会において必要とされ、継承されてきたものだから、現代の社会通念との間にギャップが生じるのも当然のことと言える。

時には祭りの担い手となる地域の人々の間から〈集落の人口が劇的に減少しているなかで、何のためにやっているのか分からない祭りをわざわざ続ける必要がどこにあるのか〉という声が上がることもあるし、地域の人々がみずから祭りを終わらせてしまうケースも多いと聞く。確かに現代的観点からすれば、祭りは時に無意味であり、一年に一回、観光客を集めるために行うにしては、あまりに多くの面倒が伴う。

それでも、祭りを続けなければいけないのだろうか？

以前とある祭りに足を運んだとき、主催団体のひとりである初老男性の言葉にハッとしたことがある。

「ここまでくると、怖くて私たちの代ではやめられませんよ」

伝統とはそういうものなのだろう。損得勘定でもなければ、存続する意義がどう、メリットがどうという話でもなく、続けなければいけないものなのだ。

だが、そうした伝統のなかに地域の人々を強制的に縛り付けるべきではないし、祭りの存続にあたって伴う責務を一方的に押し付けるべきでもないだろう。

僕はこう考えている。その土地の〈事情〉を念頭に置きながらも、さまざまな立場からのアイデアと意見を交わすことが重要ではないだろうか。地域の問題として切り離すべきではなく、日本列島全体の問題として祭りの今後について考える必要があるのではないか。

運営の中心となる若者たちの減少。観光客との折り合いのつけ方。イヴェント化するなかで薄れていく祭り本来の意義。昭和三〇年代から四〇年代にかけての高度経済成長期と、それに伴う社会構造の変化によって日本列島のあらゆる伝統行事が何らかの影響を受けたが、現代ではそれ以前の祭りの姿を知る人々が少しずつ鬼籍に入り、かつての祭りの記憶も薄れつつある。

日本の祭りは各地で岐路に立っている。それでも祭りを続けるべきなのか。もしくはやめてしまうのか。決して答えは簡単ではないし、それぞれの土地によって当然答えは異なる。続けるべき祭りもあるだろうし、終わらせざるを得ない祭りもあるだろう。強引な延命治療は意味をなさない地域もあるはずだし、それは仕方のないことだ。

だが、現在継承されている祭りのなかにも、明治の終わりから戦後まで伝統が途切れ、その後復活した祭りがいくらでもある。そのためにも、たとえ一度伝統が途切れるにしても、後の住民たちが復活させられるように映像記録などをしっかり残しておくべきだ。結果的にそこで祭りが終わってしまったとしても、そこで生きた人々とリズムは記録に残すべきであって、その活き活きとした記録が後に別の形で蘇ることだってあるだろう。〈伝統の継承〉の仕方だって決してひとつだけではないのだから。

[参考文献]
●森田玲『日本の祭と神賑』(創元社)
●柳田国男『柳田国男集 第五巻』(筑摩書房)
●佐渡山安公『夜語り　宮古島の艶笑譚』(かたりべ出版)

あとがき

二〇一一年三月一一日、僕はカーニバルの取材のため南米のコロンビアにいた。東日本大震災はコロンビアでもテレビや新聞のトップニュースとして報道されていたので、被害の大きさとその後の状況はある程度把握していたつもりでいたし、おせっかいでお人好しのコロンビア人たちから「お前の家族は大丈夫か？」と心配され続けていたこともあって、心の準備もできていたつもりだった。

だが、それから二週間後に帰国した日本は、出国の前とまるで別の国になってしまったようだった。マスクをしていた友人に「どうしたの？　風邪？」と聞くと、少し呆れられながら「放射能対策ですよ」と返された。ほとんど浦島太郎状態である。

旅のバタバタが落ち着いたころ、三月一一日のニュース映像をYouTubeで片っ端から観た。

津波によって家々がなぎ倒され、青々とした水田が飲み込まれ、人々の生活が木っ端微塵《こっぱみじん》に破壊されていく。その映像はあまりに衝撃的で、胸が締め付けられた。そして、そのとき沸き上がってきた心の痛みというものは、それまで僕があまり感じたことのない類いのものだった。

それは国という（どこか実感のない）所属組織に対する愛情ではなく、自分を育んできた足元の大地への愛着――言うなれば、郷土愛のようなものだったのかもしれない。埼玉郊外のサラリーマン家庭で育ち、〈地元〉というものを持たずに生きてきた僕のなかにそんな感覚が眠っていたなんて、思ってもみないことだった。

そして、被災地の状況に触れた際の心の痛みとそこから沸き上がってきた郷土愛に似た感情は、僕が盆踊りや祭りに足を運ぶうえでの原動力となった。この列島のことをもっと知りたい。傷つき、疲弊したこの列島に眠る力強さと美しさに触れたい――本書にまとめたそれぞれの旅は、盆踊りと祭りに出会う旅であると同時に、まったく知らなかった日本列島のもうひとつの姿に触れる旅でもあった。

遠藤薫（学習院大学法学部教授）は震災後の意識の変化を各県で調査した報告書「大震災後の社会における〈祭り〉と〈復興〉『東日本大震災からの復興に向けた総合的社会調査（全国調査＆三県調査）』から」において、とても興味深い調査結果を引き出している。

〈震災の年、地域の代表的な祭りについてどう思ったか〉という問いに対し、〈自粛するべき〉〈例年通り開催するべき〉〈例年以上盛大に開催されるべき〉〈鎮魂のために開催するべき〉〈震災で縮小中止やむをえない〉〈参加者減少で縮小中止やむをえない〉という六つの回答が用意されており、遠藤はその集計結果をこう分析している。

「東北では、言うまでもなく、〈自粛すべき〉〈中止もやむなし〉という回答が多い。しかしその一方で、〈例年より盛大に開催すべき〉の回答率も他の地域に比べて多かった。すなわち、外在的な条件としては、例年のような祭りの開催は困難であろうが、気持ちの問題からするならば、困難の時こそ、また多くの犠牲を出したからこそ、盛大に祭りを行うべきであるとの感覚が、この結果に潜在的に表れているといえる。まさにそれこそが、共同体の〈祭り〉の本義であり、そのことが今も人々の心の深層に生き続けていることがうかがわれる。

さらに興味深いのは、被災地の若者たちの〈祭り〉に対する思いである。（中略）これによれば、〈自粛すべき〉と考えた割合は高年層で最も高かった。反対に、〈祭り〉を〈古くさい〉ものと感じそうな若年層で、困難な時期にあってもあえて〈祭り〉を例年より盛大に開催すべきだと考える割合が最も高い。社会意識の分布について、見逃すことができない現象といえよう（実はこの傾向は、全国調査にも観察される）」

「困難の時こそ、また多くの犠牲を出したからこそ、盛大に祭りを行うべきであるとの感覚」――これは〈イヴェント〉と〈祭り〉を区別するうえで重要な感覚でもある。イヴェントは、〈不謹慎だ〉というクレームによって存在意義自体が揺らぎかねず、実際に震災直後は多くのイヴェントが中止になったり規模が縮小されたりした。
だが、祭りとは本来神々への奉納を目的としたものであり、神となった祖霊を祀るものである。遠藤が指摘するように、死者の供養やコミュニティーの復興のため、より盛大に祭りを行うべきという発想は確かに祭りの本質にかなうものでもあるだろう。

だが一方で、被災地の伝統文化の多くは東日本大震災によって壊滅的な打撃を受けた。もともと伝統文化の担い手となるはずの若者たちの流出により、震災以前から継承の危機を迎えていた地である。震災によってトドメを刺された形となってしまった地域も多い。

『中外日報』に掲載された滝澤克彦による論考「東日本大震災、民俗文化財復活の意味　震災前を震災後につなぐ」には、二〇一一年一一月からの約一年半、宮城県の民俗文化財について震災前の姿と被災状況を調査した成果がまとめられている。

滝澤によると、「一部の祭りや民俗芸能は、ネット上でのアピールや報道をきっかけとしてボランティアや資金が集まり、かなり早い段階で再開に漕ぎ着けている」そうで、なかには震災前よりも活動が活発になっている地域もあるという。だがしかし、民俗芸能以前に復興そのものが進んでいない地域もいまだに多い。滝澤は、ボランティアや資金援助なしでは再開できなかった民俗芸能を今後どのように維持していくのか、そこも重要な課題である、と指摘している。

確かに祭りや民俗芸能は各地で復興のシンボルとされてきた面もある。祭りで被災地に元気を！　という呼びかけは大切なことだ。だが、一時的に注目を集めた祭りをどのように維持していくのか、それもまた新たな課題として被災地にのしかかっていく。

また、被災地だけでなく、過疎の集落の祭りがボランティアの参加によって復活を遂げるケースもある。明らかに死に向かいつつあるコミュニティーにおいて祭りを続けるというのは人工的な延命処置でしかないのではないか、そういう意見もある。現在継続されている祭りにしても、集落の外へと移住した人々が一年に一度戻ってくることによって辛うじて存続しているものがいかに多いことか。

ただし、こうしたケースは決してネガティヴにとらえるべきものではない。集落の外へと出ていってしまった人々にとって、祭りの場は大変貴重な再会の場所でもある。離れた場所に住む人々がもう一度集う、再会の場所としての祭り。それもまた、祭りが持つもうひとつの意義だ。

昭和三一年から高知県香美《かみ》市物部《ものべ》町で行われている〈奥物部湖湖水祭〉は、そうした祭りの特性を考える際にひとつのサンプルとなるかもしれない。

物部町では治水と発電、灌漑のために永瀬ダムが作られたために、集落の一部が水没を余儀なくされた。奥物部湖湖水祭は、水没してしまった地区の人々が再会できる場所として、またはダムの建設で命を落とした二五名の霊を慰めるために始められた新しい祭りだ。この祭りは県外からも多くの観光客が押し寄せる〈夏の大イヴェント〉となっており、スタート当初の目的が強く意識されることはないが、離散した住民たちがもう一度集まることのできる場所としてこの祭りが企画されたことの意義は大変大きい。そして、このようなコミュニティーそのものの変化に応じた祭りのあり方は今後あらゆる形で構想されるべきだろう。

祭りの日、たとえ一年に一度だけだとしても、集落はかつての輝きを取り戻す。もちろん、明日には昨日と同じように高齢者だけが住む過疎の村へと舞い戻ってしまうことだろう。だが、僕らは祭りを通じて地域の本来の姿と生命力に出会い、地域社会の誇りと出会うことができる。過疎の村にエネルギーが漲り、多くの人々で賑わう地域社会としての姿が活き活きと蘇る瞬間は実に感動的なものだ。

本書で取り上げた盆踊りと祭りに出会う旅とは、僕にとってはそれまでまったく知らなかった日本列島の姿を発見する旅でもあった。僕らは連載終了後も祭り行脚を続けているが、取材のたびに日本列島の新しい姿と出会い、驚かされてばかりいる。時には地方の厳しい現実に直面し、落胆することもあるが、それればかりではない。多くの土地で人の優しさと強さに触れ、感銘を受けることがほとんどだ。

今回の旅でご協力くださった各地域のみなさまに心から感謝しております。どこの馬の骨とも分からない僕らを温かく迎え入れてくださり、感謝の言葉しかありません。また、旅の道連れとなった友人たちにもありがとう。

そして、アルテスパブリッシングの鈴木茂さん。こちらのワガママを受け止めてくださり、好き勝手に書かせていただいたことによってこの本ができあがりました。

ほとんどの旅を一緒に回ったフォトグラファーのケイコ・K・オオイシには〈おつかれさま〉を。あくまでもこの本は祭りと盆踊りをめぐる僕らの旅の第一章であって、以降の成果はまた別の形で発表したいと考えています。

この本を読んでくださったみなさんともどこかの祭りの熱狂のなかでお会いできたら嬉しいです。では、いつかあの祭りの会場で！

大石　始

二〇一六年六月

大石 始 おおいし・はじめ

一九七五年、東京生まれ。ライター、編集者。雑誌編集者を経て、二〇〇八年からフリーランスとしてワールドミュージックや民族音楽／芸能の取材記事、旅の紀行文などを各媒体に寄稿。これまでの著書に二〇一五年の『ニッポン大音頭時代「東京音頭」から始まる流行音楽のかたち』、二〇一〇年の『関東ラガマフィン』、編著書に二〇一四年の『大韓ロック探訪記』、共同監修を手がけた書籍に『GLOCAL BEATS』（二〇一一年）などがある。旅と祭りの編集プロダクション「B.O.N」所属。

ケイコ・K・オオイシ

一九七四年、東京生まれ。フォトグラファー、デザイナー。各媒体に写真を提供するほか、デザイナーとしてディスクガイド・ブックやアパレルなど各種広告、イヴェント・フライヤーを手掛ける。二〇一二年にはコンピレーション・アルバム『DISCOVER NEW JAPAN 民謡ニューウェーブ VOL.1』のアートワークを手掛けた。旅と祭りの編集プロダクション「B.O.N」所属。

ニッポンのマツリズム
盆踊り・祭りと出会う旅

二〇一六年七月二〇日　初版第一刷発行

著者　大石 始
©2016 Hajime Oishi
発行者　鈴木茂・木村元
発行所　株式会社アルテスパブリッシング
〒一五五-〇〇三二
東京都世田谷区代沢五-一六-二三-三〇三
TEL　〇三-六八〇五-二八八六
FAX　〇三-三四一一-七九二七
info@artespublishing.com

印刷・製本　太陽印刷工業株式会社

写真…ケイコ・K・オオイシ
写真提供…桑村ヒロシ、東京高円寺阿波おどり
ブックデザイン…中島美佳

ISBN978-4-86559-145-3　C1073　Printed in Japan

アルテスパブリッシング

音　楽　を　愛　す　る　人　の　た　め　の　出　版　社　で　す。

クレオール・ニッポン　うたの記憶を旅する　[CDブック]　**松田美緒**

日本の多様な原風景を探し求めて、祖谷、伊王島、小笠原からブラジル、ハワイへ──うたをめぐる壮大な旅が、いま始まる！　“うたう旅人”松田美緒が日本の知られざる伝承曲に新たな生命を吹き込んだニュー・アルバム＋書き下ろしエッセイ。　絵：渡辺亮／装丁：有山達也＋中島美佳

A5判・上製・80頁＋1CD／定価：本体3500円＋税／ISBN978-4-86559-115-6　C0073

神楽と出会う本　**三上敏視**

中沢新一氏（人類学者）推薦！「三上さんの神楽研究は、日本人の音楽の真実のルーツ、深層の神楽への直感に支えられている」。全国25ヵ所の神楽紀行と、神楽の起源や構造、音楽、舞、アートなどを解説したパートの2本立てにより、神楽の魅力を明らかにする。　装丁：白畠かおり

A5判・並製・240頁／定価：本体2200円＋税／ISBN978-4-903951-22-5　C1073

21世紀中東音楽ジャーナル　**サラーム海上**

伝統と未来が交叉するマジカル・ゾーン、中東へようこそ！　トルコ、モロッコ、イエメン、そして革命に沸くエジプト。9･11から3･11までの10年に激動の中東から響いてきた音楽とは?!　“よろずエキゾ風物ライター”ならではのヴィヴィッドな現地レポート。　装丁：折田烈（餅屋デザイン）

B6判・並製・320頁／定価：本体2400円＋税／ISBN978-4-903951-50-8　C1073

アイルランド音楽　碧《みどり》の島から世界へ　[CD付き]　**おおしまゆたか**

21世紀に入り世界各地で活況を呈しているアイルランドの伝統音楽。本国では家庭のキッチンやパブでのセッションで培われ、いまや世界音楽へと進化したそのプロセスを、国の歴史、社会や経済の変化とともに描く。日本人ミュージシャン8組の演奏を収めたオリジナルCD付き。

A5判・並製・200頁／定価：本体2200円＋税／ISBN978-4-86559-118-7　C1073　装丁：白畠かおり

ポップ・アフリカ800　アフリカン・ミュージック・ディスク・ガイド　**荻原和也**

ピーター・バラカンさん推薦！　歴史的名盤から最新録音まで、西・東・南アフリカのあらゆるジャンルとアーティストのアルバム800枚を集大成！　世界に類を見ないアフリカ音楽ディスク・ガイドの決定版が大幅にパワーアップして登場！　詳細な用語＆人名索引付き。　装丁：山田英春

A5判・並製・272頁／定価：本体2800円＋税／ISBN978-4-86559-106-4　C1073

ミシェル・ルグラン自伝　ビトゥイーン・イエスタデイ・アンド・トゥモロウ　**ミシェル・ルグラン**

『シェルブールの雨傘』『ロシュフォールの恋人たち』をはじめとして、60年以上にわたり数々の映画音楽を手がけてきた巨匠ミシェル・ルグランが、フランス映画界やハリウッドを舞台にした華麗で多彩な音楽人生を、赤裸々かつ格調高く綴った珠玉の回想録。髙橋明子訳・濱田髙志監修

A5判・並製・304頁／定価：本体2800円＋税／ISBN978-4-86559-122-4　C0073　装丁：福田真一

ARTES

artespublishing.com

アルテスパブリッシング

音楽を愛する人のための出版社です。

文化系のためのヒップホップ入門　長谷川町蔵×大和田俊之

ライムスター・宇多丸さん、山下達郎さん絶賛の超ロングセラー！「ヒップホップは音楽ではなく、ゲームです」という斬新な視点で、気鋭のライターとアメリカ文学研究者がヒップホップの誕生から現在までを語り尽くす入門講座。ＣＤガイド100枚付き。　装丁：折田烈（餅屋デザイン）

四六判・並製・280頁／定価：本体1800円＋税／ISBN978-4-903951-47-8　C1073

マイケル・ジャクソンの思想　安冨 歩

マイケル・ジャクソンは救世主である――希代のポップ・スターによる数々の大ヒット曲に隠された謎に挑んだ著者は、ガンディーやチャップリンに匹敵する20世紀最大の思想を発見する。マイケルが遺した魂のメッセージを東大教授が読み解く、革命的なMJ論！　装丁：奥野正次郎

四六判・並製・240頁／定価：本体1600円＋税／ISBN978-4-86559-138-5　C1073

魂（ソウル）のゆくえ　ピーター・バラカン

ゴスペル、R&B、モータウンからサザン・ソウル、ニュー・オーリンズ、ファンク、ネオ・ソウルまで、60年代からこよなく愛し続けてきた著者が語るソウル・ミュージックの歴史とスターたち、名曲と名盤。最新のCDガイド179枚とDVD・書籍ガイド付。　装丁：中島 浩

四六判・並製・288頁／定価：本体1800円＋税／ISBN978-4-903951-05-8　C0073

ヘッドフォン・ガール　高橋健太郎

時間と運命がミステリアスに交錯するミュージック×タイムトラベル小説！　ＳＦ？　ファンタジー？　青春小説？　ジャンルを軽やかに超えながら、静かな感動を呼ぶラストまで一気に読ませる上質のエンタテインメント！　装丁：佐々木暁／イラスト：へびつかい

四六判変型・並製・320頁／定価：本体1600円＋税／ISBN978-4-86559-129-3　C0093

Book Covers in Wadaland　和田誠装丁集　和田 誠

デザイナー／イラストレーターの和田誠が装丁を手がけた書籍・文庫から、700点以上のデザイン作をフルカラーで正方形サイズの上製本に収録！　手描き文字、イラストレーション、写真など多彩な方法を用い、長年にわたって数多くの書籍を飾ってきた手仕事の妙。　装丁：和田 誠

A4判変型・上製・240頁／定価：本体4200円＋税／ISBN978-4-86559-113-2　C0071

スティーヴ・ジャンセン写真集 Through A Quiet Window

1980年代初頭、『Gentlemen Take Polaroids（孤独な影）』『Tin Drum（錻力の太鼓）』といった音楽史に残る名盤を発表し、絶大な人気を誇ったイギリスのバンド、JAPAN。そのドラマーであるスティーヴ・ジャンセンによる初の写真集！　高橋幸宏プロデュースによる日本オリジナル編集。

A5判変型・上製・200頁／定価：本体4000円＋税／ISBN978-4-903951-127-9　C0073 AD：寺井恵司

ARTES

artespublishing.com